L. Annaeus Seneca
Vom glückseligen Leben
und andere Schriften

Übersetzung nach Ludwig Rumpel

Mit Einführung und Anmerkungen
herausgegeben von Peter Jaerisch

Philipp Reclam jun. Stuttgart

RECLAMS UNIVERSAL-BIBLIOTHEK Nr. 7790
Alle Rechte vorbehalten
© 1953, 1984 Philipp Reclam jun. GmbH & Co., Stuttgart
Gesamtherstellung: Reclam, Ditzingen. Printed in Germany 2005
RECLAM, UNIVERSAL-BIBLIOTHEK und
RECLAMS UNIVERSAL-BIBLIOTHEK sind eingetragene Marken
der Philipp Reclam jun. GmbH & Co., Stuttgart
ISBN 3-15-007790-7

www.reclam.de

Zur Einführung

»Alles ist eins«, so kennzeichnet Nietzsche mit Recht den Grundgedanken der ersten Überlegungen zu Beginn der abendländischen Philosophie, den eigentlichen Kern der These von Thales, das Wasser sei das sog. Prinzip (Seinsprinzip, Einheitsprinzip), alles sei ursprünglich aus Wasser entstanden, und alles vergehe auch wiederum in Wasser, das Wasser sei die einheitliche, in seiner Eigenart ständig beharrende Grundlage im Wandel der Individualgestaltungen des Stoffes, deren immanente »Substanz«. Thales gebührt damit das Verdienst, als erster Philosoph des Abendlandes die Einheitsauffassung für alles Seiende bzw. alles Stoffliche – das Stoffliche ist in jener frühen Zeit wie übrigens auch noch für die Stoiker der Repräsentant des Seienden schlechthin – entschieden und unzweideutig ausgesprochen zu haben; Aristoteles betrachtet ihn denn auch als Begründer der abendländischen Philosophie.[1] Die Gewinnung einer solchen Einheitsvorstellung bedeutet den Anfang der Philosophie und Wissenschaft überhaupt, nicht nur im Abendland, sondern auch in Indien, in China und an allen den Stellen, an denen sich philosophisches und wissenschaftliches Denken mit den Fragen der Welt und des Seins irgendwie befaßt hat. Nietzsche sieht ihren Ursprung in einer »mystischen Intuition«, da die dürftige und ungeordnete Erfahrung jener frühen Zeit am wenigsten eine solche »ungeheure Verallgemeinerung« erlaubt oder gar angeraten hätte, einer Intuition, der wir bei allen Philosophien begegneten samt den immer erneuten Versuchen, diesen »metaphysischen Glaubenssatz«, eben die Einheitsthese – alles ist eins – noch besser auszudrücken. Diese Einheitsauffassung bleibt von nun an unverlierbarer Besitz der Philosophie und Wissenschaft für alle Zeit.

Auf Thales folgt Anaximandros, dessen berühmte – uns erstmalig als philosophisches Originalfragment überlieferte[2] – These wiederum die Einheit bzw. Einheitlichkeit eines beharrenden Prinzips deutlich herausstellt gegenüber der Mannigfaltigkeit der wechselnden Individualgestaltungen sowie den Kreislauf des Werdens und Vergehens auf der Grundlage einer den Individualgestaltungen immanenten Substanz, deren Eigenart allerdings – im Gegensatz zu Thales – unbestimmt bleibt. Prinzip des Seienden sei das Unbegrenzte bzw. Unbestimmte; wie daraus das Werden des Seienden erfolge, so geschehe auch das Vergehen wiederum dahin gemäß der Notwendigkeit; denn das Seiende leiste einander Sühne und Buße für das geschehene Unrecht nach der Ordnung der Zeit. »Rätselhafter Ausspruch eines wahren Pessimisten, Orakelaufschrift am Grenzsteine griechischer Philosophie, wie werden wir dich deuten? (Nietzsche.) Vielleicht findet sich hier auch schon die erste Ahnung der alles Naturgeschehen durchwaltenden, der allem Naturgeschehen immanenten einheitlichen, gesetzmäßigen Ordnung (Naturgesetzlichkeit, Geschehensordnung, Ordnung des Gestaltenwandels).

An Anaximandros schließt sich alsdann mehr oder minder eng Heraklit an. In Platons Dialog *Kratylos* findet die üblicherweise Heraklit zugewiesene These, alles fließe, folgenden Ausdruck: »Alles vergeht und nichts bleibt.«[3] Wenn der Mensch erstmalig voller Verwunderung – und diese Verwunderung ist nach Platon und Aristoteles der Ausgangspunkt für alle Philosophie und Wissenschaft – seine Umwelt, die Natur, den Kosmos zu betrachten beginnt, so bietet sich ihm zunächst vor allem das Bild einer bunten Mannigfaltigkeit, einer reichen Vielgestaltigkeit und einer weitgehenden Verschiedenartigkeit der Gegenstände in seiner Umgebung sowie das Bild eines ständigen, unaufhaltsamen Wechsels und Wandels aller Individualgestaltungen. Mag auch manches aus der Fülle des Vielen und Verschiedenartigen eine mehr oder minder lange Zeit in seinem Zustand scheinbar einigermaßen unverändert beharren, so erkennt doch der tiefer dringende und längere Zeiträume überschauende Blick, daß ständiges Werden und Vergehen – offenbar nach einer gewissen Ordnung – das Bild beherrscht; besonders deutlich und eindrucksvoll ist dies in der Welt des Organischen, die unabwendbar in den Bogen von Geburt, Jugend, Zeit der Reife, Alter und Tod gebannt ist.

Ist demnach alles ausnahmslos im Wechsel und Wandel? Hat nichts Bestand? Gibt es nichts Bleibendes und Unvergängliches? So beginnt denn bald die Suche nach eben dem Bleibenden und Unvergänglichen gegenüber und im Wechselnden und Vergänglichen. Man bemüht sich zu ergründen, ob denn nicht doch etwas und was etwa im Flusse der Individualgestaltungen Bestand habe und beharre. Angst und Trauer um die Vergänglichkeit aller Dinge mögen nicht zuletzt Antrieb für dieses Suchen gewesen sein, also gefühlsmäßige Gründe; doch auch die Suche nach einem bleibenden Gegenstand der Erkenntnis als Inhalt aller Wissenschaft und das Streben nach Überwindung der Skepsis mögen hier Motiv gewesen sein, wenn sich das Bemühen um Erkenntnis der nahezu unübersehbaren Mannigfaltigkeit des Verschiedenartigen und unaufhörlich Wechselnden gegenübersieht.

Durchmustert der betrachtende Mensch die Mannigfaltigkeit der Gegenstände in seiner Umwelt im Spiegel des Denkens und Erkennens, so bemerkt er bald, daß das bunte und zunächst anscheinend unübersehbare Durcheinander sich als durchaus ordnungsfähig erweist. Alles Individuelle läßt sich in Gruppen – in einer aufsteigenden Stufenfolge von Ordnungsstufen – immer umfassenderen Umfanges einordnen, beispielsweise etwa in die Gruppen der Bäume, der Pflanzen, der Lebewesen oder des Stofflichen und schließlich in die alles umfassende Gruppe des Seienden schlechthin mit dem gemeinsamen gruppenbildenden, einheitlichen, alles umfassenden Merkmal des Seins schlechthin, durch dessen Immanenz in allem Seienden diese umfangreichste Gruppe doch als solche zusammengehalten wird. Diesen Gruppen entsprechen die Begriffe unseres Denkens, welche die Gruppen im Denken repräsentativ vertreten sowie Gruppenmerkmal und Mannigfaltigkeit innerhalb der

Gruppe – bzw. unser Wissen darum – im Denken widerspiegeln. Einer aufmerksamen Betrachtung zeigt sich ferner, daß – wie schon bei Anaximandros angedeutet – aller Wechsel und Wandel der Individualgestaltungen, daß alles Geschehen – denn Geschehen ist Gestaltenwandel – offenbar von einer einheitlichen, gesetzmäßigen Ordnung getragen und bestimmt ist, daß alles Geschehen in umfassende Ordnungszusammenhänge eingeordnet ist, entsprechend den mit steigender Ordnungsstufe immer umfassenderen Gruppen, welche die dem Wandel unterliegenden Individualgestaltungen und allen Wechsel innerhalb der Gruppen umspannen. Sollte damit nun nicht doch der Ansatzpunkt für etwas Einheitliches, etwas Bleibendes und Unveränderliches gefunden sein, die dem Vielen im Wechsel immanente Substanz, ein einheitlicher Stoff und eine einheitliche Ordnung des Gestaltenwandels mit den gesuchten Merkmalen eben der Einheitlichkeit und des Beharrens? Dem Vielen – von vielerlei Art – im Wechsel scheint also doch das Eine – von einerlei Art – im Beharren gegenüberzustehen und als immanente Substanz innezuwohnen; die Welt zeigt damit – im Spiegel unserer Erkenntnis – gewissermaßen ein Doppelantlitz, indem alles zugleich einerseits Vieles und Wechselndes sowie andererseits auch wiederum Eines und Beharrendes ist.

Mag so auch die Welt des Vielen im Wandel, die sich der naiven Betrachtung zunächst darbietet, ursprünglich nur wenig Anhaltspunkte für die – im eigentlichen Sinne philosophische und wissenschaftliche – Erkenntnis ihrer Einheitlichkeit an die Hand geben, so taucht die Überzeugung von der Einheitlichkeit der Welt und ihrer Ordnung, die Überzeugung von einer allem Vielen, allem Verschiedenartigen, allem Wechselnden immanenten einheitlichen, beharrenden Substanz doch überall schon in sehr früher Zeit auf; sie resultiert offenbar eben vor allem aus der Eigenart unseres ordnenden Denkens, das entsprechend der Ordnungsfähigkeit der Gegenstände und des Geschehens an den Gegenständen die Einheitlichkeit des Stoffes und der Ordnung in der Mannigfaltigkeit des Vielen und des Geschehens um das Viele repräsentativ widerspiegelt. So gewinnt die Welt im Spiegel unseres Denkens und Erkennens eine Ordnung, die sich wiederum aus ihrer immanenten Ordnung erklärt und offenbar der »wahren« Ordnung der Welt irgendwie zugeordnet sein mag.

Schon in den frühesten vorwissenschaftlichen Anschauungen von einer göttlichen Weltschöpfung sowie vom Chaos und der dieses stoffliche Durcheinander zum Kosmos (Ordnung) gestaltenden göttlichen Schöpferkraft – Zeus, Eros usw. – spiegelt sich eine gewisse Einheitsauffassung wider. So wird denn auch in aller Regel zunächst Gott als das Eine und Beharrende, als das Bleibende und Unvergängliche angesehen, sei es, daß er dem Stoff (Chaos) als gestaltendes und ordnendes schöpferisches Prinzip gegenübersteht und aus dem stofflichen Chaos, dem stofflichen Durcheinander – so sagt Anaxagoras später einmal: »Am Anfang war alles durcheinander, da kam der Geist und ordnete es«[4] – den Kosmos gestaltet, sei es, daß er in mehr pantheistischer Färbung der Welt gewissermaßen als ihr »Wesen«, als ihre Substanz – Stoff, Kraft, Ordnung, Gestalt – oder als deren Träger und Repräsentant immanent ist, ohne daß seine Transzendenz damit ausgeschlossen wird, weil Gott in der Immanenz in der Welt nicht restlos aufgehen mag. Im Rahmen der eleatischen Philosophie wird dann auch das Eine (Seiende) im Sinne von Parmenides in scharfer Abweisung des vielgestaltigen Götterolymps nach Homer und Hesiod durch Xenophanes mit Gott identifiziert und damit erstmalig ein Monotheismus eindeutiger Ausprägung vertreten; mit diesem philosophischen Monotheismus bzw. Pantheismus sind übrigens die – noch lange aufrechterhaltenen – populären Vorstellungen von der Vielgestaltigkeit, in der das Göttliche in Erscheinung tritt, durchaus nicht unvereinbar.

Auf dem Wege vom Mythos zum Logos, wie man die Entwicklung vom vorwissenschaftlichen, mythischen zum philosophischen und wissenschaftlichen Denken vielfach genannt hat, gewinnt dann dieser gesamte Fragenkomplex in philosophischem Sinne das Gesicht der Antithese vom Einen und Vielen, vom Einen gegenüber dem Vielen und vom Einen im Vielen, um die später von Platon und Aristoteles gewählte, in ihrer Einfachheit unübertreffliche Formulierung zu verwenden. Diese Antithese ist für jede der vielen Gruppen bedeutsam, in welche alles Seiende in seinem Sein eingeordnet werden kann in der aufsteigenden Stufenfolge der Ordnungsstufen, und dementsprechend auch für alle Begriffe, wie denn Gruppen bzw. Begriffe jeweils unter dem Aspekt des Einen wie auch des Vielen betrachtet werden müssen, wenn man ihrer Eigenart einigermaßen gerecht werden will; sie ist – wie man daher wohl ohne Übertreibung sagen kann – der Schlüssel zum Verständnis aller Philosophie und Wissenschaft; so sagt Giordano Bruno später einmal, ungeachtet dessen, daß es unzählige Individuen gebe, so sei zuletzt Alles doch Eines, und das Erkennen dieser Einheit bilde Ziel und Grenze aller Philosophie und Naturbetrachtung.[5]

Ursprünglich ging man vor allem davon aus, daß sich die Zustände der Welt nacheinander ablösten, daß die Welt aus dem ursprünglichen Zustand der Einheitlichkeit alsdann in den Zustand der Vielgestaltigkeit, der Unterschiedlichkeit und Gegensätzlichkeit, des Widerstreits, des Wechsels übergegangen sei, um vielleicht später einmal oder auch periodisch – etwa in einem Weltbrand (Heraklit, Stoiker) – wieder in den Zustand der Einheitlichkeit zurückzukehren. Da wird dem Einheitszustand vielfach der höhere Wertindex beigelegt, wenn etwa Anaximandros vom »Unrecht« der Individualgestaltungen spricht; man denkt unwillkürlich auch an indische Anschauungen, an das – als Endziel angestrebte – Nirwana des Ungestalteten, Unbestimmten, Unbegrenzten gegenüber dem Gestalteten, Bestimmten, Begrenzten der Individualexistenzen sowie an die Vorstellungen vom Schleier der Maya, der über das All-Eine gebreitet sei, so daß gewissermaßen durch den trügerischen »Schein« der Individualgestaltungen das »wahre« Sein des All-Einen verdeckt werde und sich nur dem philosophischen Blick erschließe; wenn dann allerdings wiederum – aus anderer Sicht – dem Chaos der Kosmos (der Individualgestaltungen und ihres Wechsels) gegenübergestellt wird, so verschiebt sich die Wertung doch zugunsten des Vielen im Wandel und seiner »Ordnung« (Kosmos). Während die Suche nach dem Einen und Unwandelbaren deshalb ursprünglich vor allem unter dem Aspekt des »Anfangs« – daher ist auch immer vom »Prinzip« die Rede – erfolgte (»Ur«-sprung, »Ur«-stoff, »Ur«-grund, »Ur«-sache), tritt dann eben mit der Entwicklung des philosophischen und wissenschaftlichen Denkens die Vorstellung der – ständig – dem Vielen im Wechsel immanenten Substanz, des immanenten »Wesens« in den Mittelpunkt der philosophischen Betrachtungen; »Wesen« ist gleichbedeutend mit »Sein«, mit dem Sein, das doch als gemeinsames, einheitliches, unveränderliches Merkmal alles Seiende als solches bestimmt und damit allem Seienden als Substanz immanent ist.

Sprechen wir von »Substanz«, so denken wir unwillkürlich an eine stoffliche Substanz (Grund-»stoff«, Element). Dies entspricht auch der historischen Entwicklung der Substanzvorstellung, die ursprünglich noch völlig im Bereich des Stofflichen befangen ist; die Substanz wird eben zunächst als Grund-»stoff« aufgefaßt, allerdings in Verbindung mit dem Moment der Kraft (Hylozoismus). So sieht man denn vorerst nur die Einheit des Stoffes, wie diese Einheitlichkeit des Stofflichen denn auch durch die moderne Naturwissenschaft (Physik, Chemie) durchaus bestätigt worden ist. Nachdem dann Pythagoras und die Pythagoräer in der Zahl bzw. den Zahlen nichtstoffliche – doch allem Stofflichen immanente – Prinzipien (Substanz) erkannt haben, ist der Rahmen der engen stofflichen Betrachtungsweise damit gesprengt und der Weg dafür bereitet, wenn nun etwa Heraklit – offenbar in mehr oder minder enger Anlehnung an Anaximandros – neben einem stofflichen Prinzip, dem Feuer, das aber im Stofflichen auch schon nicht mehr restlos aufgeht, als weiteres Prinzip ein nicht-stoffliches Prinzip aufstellt bzw.

erkennt in dem alles durchwaltenden, also allem immanenten Logos, vor allem dem Repräsentanten der einheitlichen, gesetzmäßigen Ordnung alles Gestaltenwandels des ständig fließenden Individuellen. Man sieht jetzt, daß die Substanzvorstellung im Stofflichen, in der stofflichen Substanz (Grundstoff, Element) keineswegs – denn sonst müßte doch das Sein schlechthin mit dem Stoffsein zusammenfallen – aufgeht, daß sie sich vielmehr gewissermaßen in zwei Äste aufspaltet. Die eine (stoffliche) Entwicklungslinie führt von Thales, Anaximandros und Anaximenes sowie Heraklit über Empedokles, Anaxagoras, Leukippos zu Demokrit, dem Repräsentanten der antiken spekulativen Atomtheorie, die richtunggebend für die moderne Naturwissenschaft geworden ist; die andere (nicht-stoffliche) Entwicklungslinie führt von Pythagoras und den Pythagoräern (Zahl, wohl auch repräsentativ für Gestalt und Ordnung) und Anaximandros (Ordnung) über Heraklit (Logos, Ordnung) zu Platon (Idee, ursprünglich gleichbedeutend mit Gestalt, jedoch unter Verbindung mit einer reichen Fülle anderer Motive; das Ideenreich gipfelt in der höchsten Idee des Guten, die auch Gott repräsentativ vertritt) und Aristoteles (Gestalt, Stoff; Zusammentreten der Entwicklungslinien) und mündet später über Plotin in den sogenannten Universalienstreit des Mittelalters. So spiegelt sich insbesondere in Platons und Aristoteles' Denken – diesen beiden Höhepunkten der antiken Philosophie – das geistige Ringen der Vorsokratiker deutlich wider.

Im Rahmen aller dieser Überlegungen sind auch die beiden großen – für die stoische Philosophie ebenfalls sehr bedeutsamen – Probleme der Immanenz und der Transzendenz angeschnitten, die in philosophischer (Zahl, Logos, Ordnung, Gestalt, Ideen usw.) und religiöser (Pantheismus, Theismus) Hinsicht immer wieder begegnen und um die zwischen Platon und Aristoteles und später im Rahmen des Universalienstreits die Auseinandersetzung geht. Wie die Immanenz der stofflichen Substanz in den stofflichen Individualgestaltungen anschaulich vorzustellen sein mag, hat

Demokrit in einleuchtender und vorbildlich einfacher Weise dargetan durch die Entwicklung der Vorstellung vom Diskontinuum, vom diskreten Aufbau des stofflichen Bereichs sowie ferner durch die Entwicklung der Vorstellung der Bildung und des Zerfalls von Aggregaten der Atome, die sich – bei unbegrenzter Mannigfaltigkeit der Atomgestalten und Atomgrößen – durch ihre Zusammensetzung aus Atomen verschiedener Gestalt und Größe in verschiedenen Kombinationsverhältnissen, durch Gestalt bzw. Struktur und Größe des Aggregats usw. unterscheiden und als Aggregate – aber eben nur als solche – dem Wechsel unterworfen sind; die in allem Wechsel unveränderliche und unzerstörbare stoffliche Substanz (der Atome) geht in den Individualgestaltungen restlos auf, soweit sie in diese eingeht bzw. in ihnen immanent ist; dabei ist der Grundsatz der Erhaltung der Stoffmenge bestimmend. Demokrit hält wieder – gegenüber Empedokles und Anaxagoras, wo diese Position aufgegeben war – streng an der Einheitlichkeit des stofflichen Prinzips fest und läßt es – wie Anaximandros – qualitativ unbestimmt; er setzt die wissenschaftliche Erfahrung (Wahrnehmung, Beobachtung) gegenüber Parmenides wieder in ihre Rechte ein und spricht erstmalig das Kausalgesetz – »Nichts geschieht ohne Ursache, sondern alles nach bestimmter Ordnung und unter dem Druck der Notwendigkeit« – ganz klar und unzweideutig aus. Wenn Demokrit auch die Antithese von »wahrem« Sein und »Erscheinung«, die sich – in Parallele zu der Antithese von Denken und Wahrnehmung – vor allem unter Parmenides' Einfluß immer mehr zugespitzt hatte, in gewissem Sinne aufrechterhält, so gelingt es ihm durch seine Theorie doch, auch die »Erscheinungen« zu »retten« und vor der völligen Abwertung als »Schein« zu bewahren; er erklärt sie als das Resultat der Objekt-Subjekt-Relation und betont, daß die Erscheinungen in diesem Rahmen in bestimmter Zuordnung zum »wahren« Sein der Atome und ihrer Aggregate ständen, so daß von »Schein« also keine Rede sein könne; die Erscheinung spiegele sowohl das Objekt wie auch das Subjekt wider, wenn auch letzteres gewissermaßen als Konstante vernachlässigt werden kann, sofern die Betrachtung der Mannigfaltigkeit und dem Wechsel zugewandt ist. Damit ist Demokrit auch der Begründer der Erkenntnistheorie geworden.

Während Demokrit für den stofflichen bzw. physikalischen Bereich in der Atomtheorie eine Position gewonnen hatte, die sich in naturphilosophischer Hinsicht als äußerst fruchtbar erwies und richtunggebend geblieben ist auch für die moderne Naturwissenschaft, greift nun Platon – vor allem anknüpfend an die Pythagoräer – das Problem der nichtstofflichen Prinzipien in umfassender Weise auf und widmet diesem Bereich der nichtstofflichen Ideen, die – abgesehen von einer Fülle anderer Motive – das Gestaltmoment wie auch das Ordnungsmoment (Zahl) vertreten, seine besondere Aufmerksamkeit; er stellt die Eigenart der nicht-stofflichen Prinzipien, des (»wahren«) nicht-stofflichen Seins deutlich heraus und betont den tiefgehenden und fundamentalen Unterschied zwischen stofflichen und nicht-stofflichen Prinzipien. Durch die Entwicklung einiger anschaulicher Vorstellungen – Musterbeispiel, Nachahmung, Gegenwart, Teilhabe – hat sich Platon bemüht, das Verhältnis der Ideen zu den Dingen, denen jene Gestalt und Ordnung mitteilen, näher zu kennzeichnen und das Nebeneinander von Transzendenz und Immanenz verständlich zu machen.

Das Verhältnis ist auch recht undurchsichtig, da es mit dem uns aus dem physikalischen Bereich Vertrauten nicht auf eine Stufe gestellt werden kann und die nichtstofflichen Prinzipien in der Immanenz (in den stofflichen Individualgestaltungen) nicht aufgehen und nicht dem Grundsatz der mengenmäßigen Erhaltung unterliegen. Jedenfalls hält Platon unbeschadet der Immanenz der Ideen (Gestalt, Ordnung) – durch die erst Bestimmung, Gestaltung, Ordnung des Individuellen erfolgt; denn allem Individuellen, allem Gestalteten ist Gestalt und Ordnung immanent – auch an der Transzendenz der Ideen fest (Chorismos) und legt im übrigen dem Ideenbereich den höheren Wertindex bei. Die

Platonische Auffassung läßt also Transzendenz und Immanenz nebeneinander bestehen; das Nicht-Stoffliche gehe danach nicht in seiner Immanenz in den stofflichen Individualgestaltungen auf. Überträgt man diese Auffassung auf die Gottesvorstellung, so erscheinen Pantheismus (Immanenz) und Theismus (Transzendenz) einigermaßen miteinander vereinbar, wie denn – was übrigens schon bei Heraklit bemerkbar ist – auch die stoische Auffassung ein wenig schwankt zwischen diesen beiden Anschauungen; so wird Gott einmal – wie das (göttliche) Feuer im Sinne Heraklits – als Träger und Repräsentant aller Prinzipien, auch des Stoffes, aufgefaßt und als deren »Wesen« (Immanenz) betrachtet, andererseits vor allem dem Stoff gegenübergestellt (Transzendenz), wenn beispielsweise Epiktet gelegentlich sagt, Gott (Zeus) habe den Stoff nur im Rahmen der in ihm liegenden Möglichkeiten gestalten können.[6]

Von Aristoteles ist dann die Platonische Auffassung (Chorismos) nachdrücklich verworfen und die Immanenz allein betont worden; aus Gestalt und Stoff wachse das Individuelle zusammen (Konkretum); diese beiden Prinzipien – die nicht-stoffliche Substanz der Gestalt (Ordnung) und die stoffliche Substanz des Stoffes – seien dem Individuellen immanent und gingen in dieser Immanenz auch auf, allerdings die nicht-stofflichen Prinzipien in anderer Art als der Stoff; wenn die auf das Allgemeine – also auf die einheitlichen, beharrenden Prinzipien bzw. Substanzen – gerichtete Wissenschaft sie gewissermaßen – in mente, wie es später im Rahmen des Universalienstreits heißt – isoliere, so sei dies doch kein Beweis für ihr abgesondertes Dasein neben ihrer Immanenz im Individuellen; dabei geht es vor allem um das nicht-stoffliche Prinzip der Gestalt bzw. Ordnung (universale).

Damit sind wir bei Heraklit angelangt, auf den sich die stoische Philosophie, »deren Bestes Heraklitismus ist« (Diels), so weitgehend stützt und ohne dessen Kenntnis auch ein volles Verständnis dieser späten weltanschaulichen Konzeption, dieses späten Produkts des griechischen Geistes nicht recht möglich ist. Die Pythagoreer wie die Eleaten (Parmenides) hatten das Denken als Erkenntnisquelle und Erkenntnismethode in den Vordergrund gerückt, erstere neben die Wahrnehmung und Beobachtung, letztere unter mehr oder minder restloser Verwerfung der Wahrnehmung als zuverlässiger Erkenntnisquelle. Über den Standpunkt der »naiven« Betrachtung war man somit schon hinausgewachsen. Auch Heraklit legt der Sinneswahrnehmung nur untergeordnete Bedeutung bei und sieht vor allem das Denken – mit seiner Ordnungsfunktion – als die Erkenntnisquelle an, welche die Erkenntnis der die ganze Welt durchwaltenden Ordnung (Logos) und Harmonie – also ihrer Einheitlichkeit – erschließt. Denn gegenüber der üblichen einseitigen Festlegung Heraklits nur auf die These, alles (viele und verschiedenartige Individuelle) fließe, sei nachdrücklich darauf hingewiesen, daß Heraklits besonderes Interesse nicht nur dem Wechsel, dem Unterschiedlichen und Gegensätzlichen gilt, sondern vor allem eben auch der Einheitlichkeit der Welt, dem Zusammenklang des Unterschiedlichen und Gegensätzlichen in einer vollkommenen Harmonie, ganz im Sinne der späteren, wohl auch an Heraklit anknüpfenden Auffassung von der coincidentia oppositorum, die bei Nikolaus v. Cues eine so große Rolle spielt. Es wird nach Heraklit nicht nur (nacheinander) »aus Allem Eines und aus Einem Alles«, sondern auch (zugleich) »sind wir (dasselbe, in dem das Eine immanent ist) und sind nicht (dasselbe, angesichts der Verschiedenartigkeit)«. Und »Alles ist Eines« sagt Heraklit ausdrücklich an anderer Stelle.[7]

Offenbar im Hinblick auf die Bedeutung des Denkens und der Vernunft für die Ordnung des menschlichen Lebensbereichs, für die Ordnung im Bereich der Erkenntnis tritt dann der Logos als Repräsentant des Denkens, der Vernunft, der vernünftigen, von der Vernunft getragenen und bestimmten Ordnung, als Repräsentant der gestaltbestimmenden und ordnenden (göttlichen) Schöpferkraft im Weltall in Erscheinung. Angesichts der reichen Fülle der Motive, die – ähnlich wie in der Idee Platons – im Logos zusammenfließen und die er repräsentativ vertritt, ist es recht schwierig, die Bedeutung des »Proteus Logos« (Diels) im Weltbild Heraklits genauer zu bestimmen: Wort, Begriff, Grund, Sinn, (bewirkende) Ursache, Denken, Gedanke, Verstand, Vernunft, Seele, Ordnung des Gestaltenwandels, vernünftige Ordnung, Weltvernunft, Weltseele, gestaltendes und ordnendes schöpferisches Prinzip, Gott. Doch wenn man den Logos vor allem als Repräsentanten der Ordnung ansieht, so wird man wohl seiner überwiegenden und wesentlichen Bedeutung am nächsten kommen sowie die Mehrzahl der Motive erfassen; doch sollen andere Deutungen damit durchaus nicht ausgeschlossen sein. »Der Heraklitische Logos umfaßt das Tiefste seiner Philosophie, die hinter dem fließenden Wechsel der Erscheinungen liegende Ewigkeitsnorm, das Maß und Ziel aller Dinge« (Diels).

So gewinnt bei Heraklit die der Welt immanente Substanz ein Doppelgesicht. Beständig gegenüber und im Wechsel, Eines gegenüber und im Vielen ist nach Heraklit ein – mehr oder minder noch – stoffliches Prinzip (Einheitsprinzip), dessen Repräsentant das (göttliche) Feuer ist, und ein nicht-stoffliches Prinzip (Einheitsprinzip), die einheitliche, beharrende, gesetzmäßige Ordnung (des Geschehens, des Gestaltenwandels, des Wechsels der Individualgestaltungen), deren Repräsentant der (göttliche) Logos ist, wie denn Gott auch vor allem immer als nicht-stoffliches Wesen gedacht wird. Im Rahmen dieser umfassenden Einheit des Stoffes und der Ordnung klingt alles Unterschiedliche und Gegensätzliche zu einer vollkommenen Harmonie (coincidentia oppositorum) zusammen. In diesem Sinne ist für Gott alles schön und gut und gerecht; die Menschen aber – mit ihrem beschränkten Überblick – halten einiges für ungerecht, einiges für gerecht. Darin kommt schon der Theodizeegedanke zum Ausdruck, der später in der stoischen Philosophie eine so große und entscheidende Rolle spielt und aus dem das stoische Postulat resultiert, der Mensch – dem auch der (göttliche) Logos immanent sei und der daran Anteil habe – müsse in Übereinstimmung mit der (göttlichen) Natur (All-

15

Natur, Welt) und der (göttlichen) Naturordnung (Weltordnung) leben und müsse sich willig in das Ganze der Allnatur und ihrer Ordnung einfügen.

In Heraklit haben wir einen umfassenden Geist vor uns mit einem wahrhaft weltweiten Horizont. Immer wieder überrascht uns seine nicht auf den engen menschlichen Bereich beschränkte, sondern seine alles umfassende Betrachtungsweise, seine wahrhaft kosmische Schau. Von dieser hohen Warte aus betrachtet er die Welt (Weltordnung), in der sich das göttliche Wirken offenbart, mit all ihren Unterschieden und Gegensätzen, mit all ihrem Wechsel, mit all ihrem Auf und Ab, mit all ihrem Hell und Dunkel; er sieht überall die Einheitlichkeit, das Eine, die vollkommene Harmonie, in der kein einzelner Ton fehlen darf, wenn nicht der Einklang gestört sein soll. Deshalb müsse der Mensch die Weltordnung gewissermaßen als Offenbarung des göttlichen Weltwesens durchaus bejahen, wenn sie auch nicht unseren menschlichen Wünschen entsprechend sein könne, da wir doch nur mehr oder minder unbedeutende Glieder des Ganzen seien. Der Mensch als Teil des Ganzen müsse sich dem Geschehen willig und widerspruchslos einordnen mit seinem persönlichen Schicksal, auch wenn es etwa schwere Schläge für ihn bringe; denn er habe doch Anteil an demselben (göttlichen) Logos, der auch für die gesamte Weltordnung bestimmend sei. Gewiß, diese durchaus positive Einstellung zur (göttlichen) Weltordnung ist vielleicht keine frohe, freudige, heitere Weltbejahung; sie ist getragen von viel Verzicht und Resignation; sie ist belastet mit dem für den Menschen nun einmal schmerzlichen Wissen um die Vergänglichkeit alles dessen, was dem Menschen Freude – und allerdings auch Schmerz – bereitet, mit dem Wissen um all das, was dem Menschen ungerecht und böse – an den Schicksalsschlägen – erscheinen mag, was aber auch sein muß, wenn nicht der Einklang des Ganzen in Mißklang umschlagen soll. Sich dagegen auflehnen, hieße sich gegen die göttliche Ordnung auflehnen. Hier tritt andeutungsweise schon der Gedanke in Erscheinung, dem später der

Stoiker Kleanthes Ausdruck verliehen hat: »Wer willig ist, den führt das Schicksal; wer sich sträubt, den schleppt es mit Gewalt.«[8] Da klingt denn in der Logosidee auch die Schicksalsidee an, die Vorstellung jener rätselhaften, unbegreiflichen, unheimlichen Macht, mit welcher die großen Tragiker wie Sophokles sich immer wieder auseinandergesetzt haben.

So bedeutet später dem Stoiker das Werden des Individuellen und damit auch des Einzelmenschen gewissermaßen das Heraustreten aus dem All-Einen, aus der Allnatur in ihrer Einheitlichkeit – die »Natur« im Sinne der Stoiker hat diese umfassende Bedeutung – und das Vergehen gewissermaßen das Zurücktreten in das All-Eine, in die All-Natur. Ist somit die gesamte Individualexistenz in gewissem Sinne eine Loslösung und Trennung, so bedeutet sie doch auch wiederum angesichts der Immanenz des Einen im Vielen stete Verbindung mit der All-Natur und ihrer Ordnung sowie angesichts der Immanenz des göttlichen Weltwesens (Pantheismus) in allem Seienden auch stete Verbindung mit dem Göttlichen (Logos) und ständige Anteilnahme daran. So ist insbesondere der Tod dem Stoiker – und er verliert damit seine Schrecken – Rücktritt in die All-Natur, in das stoffliche All und in die Weltseele (Logos); daraus hatte sich in Verbindung mit dem stofflichen Körperindividuum die Individualseele gelöst; immer wieder klingen hier auch die durch Heraklit und Platon (Phaidon) vermittelten orphischen Anschauungen an vom Körper als Kerker der Seele in der Individualexistenz, von dem sich diese im Tode wieder löse, um in die All-Natur (Weltseele) einzugehen. In diesem Sinne ist für den Stoiker Unvergänglichkeit der Seele – und übrigens auch des Stoffes – gegeben. So fühlt sich der Stoiker restlos eingeordnet in die (göttliche) Weltordnung, eingegliedert in das große Ganze der (göttlichen) All-Natur. Dies gibt ihm die Ruhe und Zuversicht im Leben und im Sterben, die schon in Sokrates' unvergänglichen Worten ihren Ausdruck fand, daß es für den guten und aufrechten Mann in dieser Welt kein Übel gebe, weder im Leben noch im Tode, und daß sein Schicksal den Göttern besonders am Herzen liege.[9] So sehr die stoische Lebensauffassung und Weltbetrachtung vom Rationalismus (Logos, ratio) getragen ist, so wird man doch die mehr oder minder enge Verwandtschaft mit den Anschauungen der Mystiker aller Zeiten nicht verkennen, wie denn die gesamte antike Philosophie zweifellos auch mancherlei mystische Elemente enthält; so sprach doch Nietzsche auch nicht mit Unrecht von einer »mystischen« Intuition, die Ausgangspunkt des vorsokratischen Denkens gewesen sei; auch hier wieder berühren sich die (scheinbaren) Gegensätze engstens.

Die Stoiker haben dann später – offenbar auch in Anlehnung an Aristotelische Gedankengänge – in ihrer Metaphysik bzw. Physik – zwei Prinzipien unterschieden und damit einen Dualismus vertreten, der aber gelegentlich auch in den Monismus eines Prinzips umschlägt, wenn Gott in pantheistischem Sinne als alleiniges Prinzip aufgefaßt wird, als Träger und Repräsentant aller bisher unterschiedenen Prinzipien (Gestalt, Ordnung und Stoff, Kraft), denen doch auch ungeachtet ihrer Unterschiedlichkeit letztlich das gemeinsame Merkmal des Seins schlechthin zukommt, das sie zu einer Einheit – eben vertreten durch das alles umfassende Merkmal des Seins schlechthin – verbindet. Diese zwei Prinzipien entsprechen weitgehend den Prinzipien im Sinne von Aristoteles (Gestalt, Stoff), in dessen Auffassung doch die beiden oben kurz skizzierten Entwicklungslinien zusammenlaufen. Das »handelnde«, aktive, bewegende, gestaltende (Gestalt), ordnende (Ordnung), denkende, vernünftige, schöpferische Prinzip, dessen Repräsentant und Träger Gott oder der (göttliche) Logos ist, der aus dem Stoff (Chaos) den stofflichen Kosmos (Weltschöpfung) gestaltet, steht dem »leidenden«, passiven, gestaltungsfähigen und ordnungsfähigen Prinzip des Stoffes (Materie) gegenüber. Das »handelnde« Prinzip ist zugleich Repräsentant und Träger der Kraft in dynamischem Sinne wie auch Gestaltungsprinzip und Ordnungsprinzip.

Damit ist der allgemein-philosophische Hintergrund der Ethik, die bei den Stoikern durchaus im Mittelpunkt der Betrachtungen steht, kurz skizziert. Doch die Ethik ist fest verankert in der Metaphysik und von dieser getragen. Wie die Stoiker in der Metaphysik an die Gedanken der Vorgänger anknüpfen, so ist es auch in der Ethik; originell ist die Eigenart der Zusammenfassung der verschiedenen Bestandteile zu einem geschlossenen philosophischen System, zu einer geschlossenen weltanschaulichen Konzeption. Die Ethik geht in ihren Grundzügen auf Sokrates und den Kynismus zurück. Während die philosophischen Betrachtungen der Vorsokratiker zunächst ihrer Umwelt, der Außenwelt, der Natur, dem Kosmos gewidmet waren, also der Welt der Objekte, und die Welt des Subjekts sowie das eigenartige Verhältnis zwischen Subjekt und Objekt (Erkenntnisrelation) noch nicht recht erkannt war, beginnt mit Protagoras, dem bedeutendsten Vertreter der Sophistik, und Demokrit sowie dann vor allem eben mit Sokrates die große Wende. So heißt es denn von Sokrates, er habe die Philosophie vom Himmel auf die Erde herabgeholt und sie veranlaßt, sich mit den menschlichen Dingen zu beschäftigen. Das philosophische Interesse wendet sich mehr und mehr dem Subjekt, dem erkennenden und handelnden Menschen zu, wie schon in Protagoras' bekannter These, der Mensch sei das Maß aller Dinge, so unzweideutig zum Ausdruck kommt. Der Mensch wird sich seiner eigenen Position in der Welt bewußt und lernt die Beziehungen kennen, die ihn mit allem übrigen verbinden. Sokrates interessiert sich fast kaum noch für die Probleme, mit denen sich die Vorsokratiker so leidenschaftlich befaßten, und widmet sich fast ausnahmslos dem Studium der den Menschen angehenden ethischen Fragen, wobei er methodisch weitgehend neue Wege beschreitet und dabei in gewissem Sinne – auf empirisch-induktivem Wege – den »Begriff« in seiner Bedeutung für das Denken entdeckt oder mindestens seine Entdeckung durch Platon anbahnt. Diese »Entdeckung« der Begriffe – als Elemente des (rechten) Denkens – ist für

Sokrates und vor allem für Platon überaus bedeutsam; denn für Platon spiegeln sich im Logischen des Begriffs die ontologischen Verhältnisse des Seins bzw. des Seienden wider; im Gemeinsamen (Einen) des Begriffs – repräsentativ vertreten durch das die Eigenart des Begriffs bestimmende Merkmal (Mensch, Menschsein; Tier, Tiersein; Pflanze, Pflanzesein; usw.) – spiegelt sich das Gemeinsame (Eine) an Gestalt bzw. Ordnung (Zahl, Ideen) wider innerhalb der Gruppe (des Vielen, des Individuellen), die durch eben dieses Gemeinsame (Eine) an Gestalt bzw. Ordnung – wiederum repräsentativ vertreten durch das die Eigenart der Gruppe (des Vielen) bestimmende, gruppenbildende Merkmal – als solche, als Gruppe bestimmt und zusammengehalten wird, unbeschadet dessen, daß im Wechsel der Individualgestaltungen (nach bestimmter Ordnung) mit dem jeweiligen Wechsel der bestimmenden Merkmale des Individuellen auch dessen Gruppen- bzw. Begriffszugehörigkeit entsprechend wechselt.

Von Sokrates aus verläuft nun die zweite geistesgeschichtliche Entwicklungslinie, die über den Kynismus in die Stoa einmündet, wo sie sich mit der von den Vorsokratikern und vor allem von Heraklit ausgehenden ersten Entwicklungslinie trifft. Sokrates bemüht sich um eine Grundlegung der Ethik durch Gewinnung von zuverlässigem Wissen über die Eigenart des Sittlichen. Diesen Erkenntnisbemühungen dienen seine im Wege des Gesprächs gesuchten bzw. gewonnenen Begriffsbestimmungen sittlicher Eigenschaften (tapfer, Tapferkeit; gerecht, Gerechtigkeit usw.). Besonders kennzeichnend ist Sokrates' ethischer Intellektualismus, der dann überwiegend die gesamte antike und damit auch die stoische Ethik beherrscht. Gute Haltung – oder »Tugend«, wie man üblicherweise zu übertragen pflegt – sei Wissen (oder durch Wissen entscheidend bedingt); rechtes Tun (Handeln oder Unterlassen) beruhe (vor allem) auf rechtem Wissen um das sittlich Gute und Schlechte, unrechtes Tun (vor allem) auf unrechtem Wissen, auf Irrtum; wer unrecht handele, bedürfe demnach (vor allem) der Belehrung, der Vermittlung von Wissen anstelle seines bisherigen Nicht-Wissens. So war Sokrates der festen Überzeugung, wer um das Gute wisse, werde auch gut handeln; nur wer um das Gute nicht wisse, könne schlecht handeln.

Dieser Primat der Ethik ist auch noch bei Platon bemerkbar; ist doch die Idee des Guten gewissermaßen der Höhepunkt des Ideenreichs. Auch ästhetische Motive spielen hinein. Rechttun sei schön, Unrechttun sei häßlich, wie denn überhaupt diese Verbindung von gut und schön dem griechischen Wesen eigentümlich ist; bei seinem ausgeprägten Sinn für das Schöne ergab sich so schon aus dem Bemühen um das Schöne das rechte Tun. Aus diesem – nach unseren heutigen Anschauungen in mancher Hinsicht angreifbaren – ethischen Intellektualismus resultiert die These bzw. das Postulat, die Leidenschaft sei durch Vernunft und Einsicht zu beeinflussen und sie müsse stets durch die Vernunft gezügelt werden.

Sokrates' persönliches Schwergewicht ruht so stark in seinem inneren Leben, daß er gegen äußere Umstände, gegen äußere Lebensgüter nahezu völlig gleichgültig ist und ihnen nur geringen Wert beilegt. Es sei göttlich, nichts zu bedürfen, und den Göttern komme man am nächsten, wenn man möglichst wenig Bedürfnisse habe. Köstlich ist auch die Anekdote, wonach Sokrates über den Markt geht, wo er die in reicher Fülle ausgelegten Waren betrachtet und dazu nur sagt: »Wie vieles gibt es doch, dessen ich nicht bedarf!« Sokrates hatte noch keine »Theorie«.[10] Erst seine Schüler machten eine Theorie daraus. So resultiert denn hier die schon von den Sophisten andeutungsweise entwickelte Auffassung von der sog. Adiaphoria, die man vielleicht am besten folgendermaßen erläutern kann. Die äußeren Lebensumstände und Lebensgüter des Menschen seien nur der an und für sich gleichgültige »Stoff« für die Betätigung sittlichen Tuns, an dem sich der Mensch bewähren könne oder auch nicht. Reichtum oder Armut, Berühmtheit oder Unberühmtheit, Schönheit oder Häßlichkeit usw. sowie letzten Endes auch Leben oder Sterben seien an und für sich ethisch

»gleichgültig«, unterlägen für sich nicht der ethischen Bewertung; ihnen gebühre für sich kein ethischer Wertindex; ethisch bedeutsam sei nur, wie sich der Mensch an und in diesen Lebensumständen bewähre. Diese Auffassung ist tief im griechischen Wesen verankert und findet immer wieder beredten Ausdruck, so beispielsweise in der eindrucksvollen Grabinschrift: »Nicht das Leben hielten für gut, nicht den Tod, die hier liegen, Sondern den Mann nur, der gut sich in beidem bewährt.«[11]

Besonders eindringlich hat auf die Sokratiker, zu denen im weiteren Sinne auch die Stoiker gehören, die Persönlichkeit sowie die beispielhafte Lebensführung und sittliche Haltung von Sokrates gewirkt. Seine moralische Unantastbarkeit und Sauberkeit, seine Selbstbeherrschung und sein persönlicher Mut, seine Abhärtung und Unempfindlichkeit gegen äußere Einflüsse, seine Bedürfnislosigkeit und Genügsamkeit sowie vor allem sein Tod in dieser einzigartig schlichten, vorbildlichen Haltung, eben getragen von der festen Überzeugung, daß das Schicksal des guten und aufrechten Mannes Gegenstand besonderer göttlicher Fürsorge sei, wie es Platon für alle Zeiten in der Apologie des Sokrates festgehalten hat, gaben seinen Schülern und späteren Generationen ein eindringliches und mahnendes Beispiel für das ganze Leben.

Sokrates' Schüler Antisthenes – der Reichtum des Menschen liege nicht im (materiellen) Besitz, sondern in der Seele, so sagt er einmal – begründet dann den Kynismus, welcher der stoischen Philosophie unmittelbar vorangeht und dessen bekanntester und populärster Vertreter Diogenes ist.[12] Dem Schicksal stellte er den Mut entgegen, der Sitte (Konvention) die Natur, der Leidenschaft die Vernunft. Berühmt ist die Anekdote über seine Begegnung mit Alexander, wo er auf die Frage Alexanders, was er sich von ihm wünsche, erwidert: »Gehe mir aus der Sonne!« Die spätere Beurteilung hat dem Kynismus in vieler Hinsicht bitter Unrecht getan, und das Zerrbild, das sie von ihm gezeichnet hat, kann keinen Anspruch auf geschichtliche Treue erheben. Wir müssen nach dieser Richtung hin nur beachten, wie günstig beispielsweise Epiktet und die der Philosophie zugewandten römischen Kaiser Mark Aurel und Julian den Kyniker Diogenes und den älteren Kynismus beurteilten. Es wäre sonst auch nicht zu verstehen, wie sich die doch sittlich so hochstehende stoische Lebensauffassung, die im ganzen Altertum und in der gesamten Kulturwelt so starken Widerhall gefunden hat, auf den Kynismus stützen konnte, so daß man wohl – angesichts dieser Entwicklungslinie im Hinblick auf die Ethik – nicht mit Unrecht eigentlich von der sokratisch-kynisch-stoischen Lebensauffassung sprechen könnte und sollte. Der ältere Kynismus endet mit Krates, dessen Schüler Zenon wird, der Begründer des Stoizismus. Als Kaufmann durch einen Schiffbruch nach Athen verschlagen und seines Vermögens beraubt, lernt Zenon hier den Kyniker Krates kennen und schließt sich ihm an. Später begründet er die – nach der Säulenhalle, in der die philosophischen Auffassungen vorgetragen wurden, benannte – Stoa. Neben Zenon treten dann noch Kleanthes, offenbar eine tiefreligiöse Natur, dessen Hymnus an Zeus fast wie ein biblischer Psalm anmutet, und Chrysippos, der Theoretiker und Dogmatiker der Stoa, in Erscheinung. Die sehr überspitzten Postulate des Kynismus werden etwas gemildert, so daß sich die stoische Philosophie – nicht zuletzt auch wegen ihres nachdrücklichst vertretenen Kosmopolitismus – als Lebensphilosophie allgemein durchsetzt; sie hat die besten Geister des Altertums und auch späterer Zeiten in ihren Bann gezogen.

Ein Gleichnis ist es, das uns in diesem geistesgeschichtlichen Rahmen immer wieder begegnet. Schon Pythagoras hatte das der Betrachtung (Theorie) gewidmete Leben dem der Wettkämpfer und Händler auf einer festlichen Veranstaltung gegenübergestellt und ihm den Vorrang eingeräumt. Nun findet gleichnishaft diese der Erhaltung der inneren Freiheit – worum es doch hier immer wieder geht – gewidmete Lebensauffassung ihren Ausdruck in der Betrachtung des menschlichen Tuns und Lassens als der Teilnahme an einem Spiel, in dem man sich ohne Rücksicht auf den Einsatz, ohne

Rücksicht auf Gewinn oder Verlust bewähren müsse durch Beachtung der Spielregeln. Schon Heraklit hatte das Geschehen in der Welt in einer großartigen Vision als göttliches Spiel aufgefaßt, indem »die weltbildende Kraft einem Kinde verglichen wird, das spielend Steine hin und her setzt und Sandhaufen aufbaut und wieder einwirft«, als ein Spiel, welches »das spielende Aufbauen und Zertrümmern der Individualwelt als den Ausfluß einer Urlust offenbart« (Nietzsche). In diesem Sinne konnte denn auch Nietzsche Heraklits Gesamtweltbild folgendermaßen werten: »Das, was er schaute, die Lehre vom Gesetz im Werden und vom Spiel in der Notwendigkeit, muß von jetzt ab ewig geschaut werden; er hat von diesem größten Schauspiel den Vorhang aufgezogen.« Diese Anschauung vom Spiel des Lebens, in dem man mittun und sich bewähren müsse, ohne seine innere Freiheit einzubüßen, in dem man Gewinn und Verlust auch wiederum nur als »Stoff« für die sittliche Bewährung betrachten solle, beherrscht weitgehend die stoische Lebensauffassung.

So steht das Weltbild der Stoa vor uns, mit einigen Strichen skizziert und aus den geistesgeschichtlichen Entwicklungslinien gedeutet. Es ist dies zweifellos eine Weltbetrachtung von imponierender Größe, wenn auch Verzicht und Resignation darin eine bedeutende Rolle spielen. Das Menschenbild der Stoa, das Bild des idealen Menschen, wie es sich im Idealbilde des Weisen widerspiegelt, ist allerdings – dies dürfen wir nicht verkennen – doch ein wenig einseitig. So eindrucksvoll es in vieler Hinsicht ist, so läßt es uns doch wiederum auch ein wenig kühl. Vor allem eine Seite des menschlichen Wesens ist dabei erfaßt und überbetont, die Vernunft; es fehlt ihm ein wenig an Wärme und Gefühl, die es erst zum vollkommenen Menschenbilde ergänzen müssen.[13] Doch das stoische Idealbild ist als Gegengewicht gegen die natürlichen angeborenen Neigungen und Schwächen des Menschen sowie gegen seine Empfindlichkeit gegenüber äußeren Einflüssen von ganz besonderer Bedeutung, und in diesem Sinne hat es seinen Wert und seine

Wirkung auch zu allen Zeiten und besonders in allen Notzeiten immer wieder erwiesen.

In diesen geistesgeschichtlichen Rahmen gehören nun auch die Vertreter der sog. jüngeren Stoa, die sich an die sog. mittlere Stoa mit Panaitios und Poseidonios anschließt; es sind dies Epiktet und Mark Aurel sowie vor allem Seneca, der uns hier besonders interessiert. Lucius Annaeus Seneca wurde zu Beginn unserer christlichen Zeitrechnung als Sohn des Rhetors Seneca in Corduba in Spanien geboren und kam schon in jungen Jahren nach Rom, wo ihm eine sorgfältige Erziehung und Ausbildung in allen Zweigen der Philosophie und Wissenschaft zuteil wurde. Nach Abschluß seiner Studien trat er dann bald in den öffentlichen Dienst und ins politische Leben ein und bekleidete später hohe Staatsstellungen (Prätor, Konsul). Unter Claudius wurde er auf Betreiben der Kaiserin Messalina für mehrere Jahre nach Korsika verbannt, dann aber auf Veranlassung der Kaiserin Agrippina zurückgerufen, um die Erziehung ihres Sohnes Nero zu übernehmen. Seneca bemühte sich mit aller Kraft darum, einen günstigen Einfluß auf Nero zu gewinnen, doch er fiel nach einiger Zeit in Ungnade und mußte sich auf Befehl Neros im Jahre 65 n. Chr. selbst den Tod geben, wobei er beste stoische Haltung bewies.

Wechselten derart in Senecas Leben äußerer Glanz und schwere Schicksalsschläge miteinander ab, so spiegelt sich das Ergebnis seines inneren Lebens und seiner inneren Kämpfe in seinen Schriften wider, in denen seine geistreiche, lebendige Darstellungsart und sein eigenartiger, prägnanter Stil immer wieder besonders fesseln. Neben den sog. Dialogen und einigen weiteren Abhandlungen ähnlicher Art sowie außer den Briefen an Lucilius hat Seneca noch eine Reihe von Tragödien, in denen Stoffe aus der griechischen Sage behandelt werden, und naturwissenschaftliche Abhandlungen geschrieben. Sein Hauptinteresse galt der Moralphilosophie, wie dies auch in allen seinen Schriften deutlich in Erscheinung tritt, in denen immer wieder die Behandlung ethischer Fragen im Vordergrund steht. Doch auch der

Physik widmet er – wohl besonders unter dem Einfluß von Poseidonios – rege Aufmerksamkeit. Wenn man Seneca auch – wie dies üblicherweise geschieht – durchaus zu den Vertretern der stoischen Philosophie rechnen kann, so scheut er sich doch nicht, gelegentlich auch andere Auffassungen zu übernehmen; er betrachtet sich selbst als einen Eklektiker und gehe auch mal in Feindeslager (so etwa zu Epikur), nicht als Überläufer, sondern als Kundschafter.

Senecas Gottesvorstellung[14] ist bemerkenswert durch ihre Großzügigkeit und Weite. Entsprechend den stoischen Anschauungen trägt sie überwiegend pantheistische Färbung (deus sive natura), doch auch theistische Wesenszüge sind ihr nicht fremd. Immanenz und Transzendenz Gottes und des (göttlichen) Logos werden so nebeneinander vertreten. Was sei die Natur denn anderes als Gott und göttliche Vernunft (Logos), die dem ganzen Weltall und seinen Teilen innewohnten, so sagt Seneca einmal, und er betrachtet im übrigen Gott (Jupiter) als Lenker und Erhalter der Welt, als deren Seele und Geist, als den Herrn und Schöpfer dieses gewaltigen Werkes, dem alle Namen zukämen; wolle man ihn Schicksal nennen, so sei dies durchaus recht; er sei es, von dem alles abhänge, die Ursache der Ursachen; wolle man ihn als Vorsehung betrachten, so sei dies wiederum recht; denn er sei es, nach dessen Plan dafür gesorgt sei, daß diese Welt ungehindert ihren Weg verfolgen und ihre Bewegungen ausführen könne; wolle man ihn Natur nennen, so tue man auch daran recht; er sei es, woraus alles entstanden sei, in seinem Geiste lebten wir; wolle man ihn Welt nennen, so gehe man nicht fehl; denn er sei alles, was man sehe; sein Wesen lebe auch in den Teilen, und er trage sich und das Ganze. Möge man von Natur sprechen oder von Bestimmung und Schicksal, all dies seien nur Namen desselben Gottes, der seine Allmacht in verschiedener Weise kundtue.

Angesichts mancher Verwandtschaft der Gedankengänge mit christlichen Anschauungen – teilweise ist die Ähnlichkeit der Auffassungen tatsächlich auch geradezu verblüffend – berichtet die Legende von einem Verkehr Senecas mit dem Apostel Paulus und einem Briefwechsel zwischen beiden; der Briefwechsel jedenfalls hat sich jedoch als Fälschung erwiesen. Ob Seneca im übrigen sich mit den christlichen Anschauungen näher befaßt hat oder gar – wie auch berichtet wird – heimlicher Christ gewesen sein mag, muß dahingestellt bleiben; doch die vielfache Übereinstimmung christlicher Anschauungen mit denen Senecas – bzw. mit allgemein stoischen Anschauungen – erklärt sich wohl nicht aus dieser Annahme, sondern aus den allgemeinen geistesgeschichtlichen Zusammenhängen und Entwicklungslinien, die auch für die christliche Dogmatik – unbeschadet ihrer besonderen Eigenart – teilweise auf die ältere Stoa, auf Heraklit (Logos) und die griechische Philosophie überhaupt zurückführen, die doch im Zeitalter des Hellenismus die ganze damalige Kulturwelt geistig durchdrang.

Senecas philosophische Schriften sind trotz aller stoischen Strenge durchaus lebensnah und haben deshalb zu allen Zeiten großen Beifall gefunden; sie sind stets gern gelesen worden und auch heute neben den anderen Schriften aus der jüngeren Stoa immer wieder lesenswert und aktuell. So möge denn auch die hier vorliegende Ausgabe mit einer Auswahl aus den Dialogen und den Briefen an Lucilius den Beifall finden, den Senecas Schriften wegen ihres hohen inneren Gehalts verdienen.

Die drei gekürzten Dialoge und die Auszüge aus den übrigen Dialogen sind in der Übersetzung von Ludwig Rumpel wiedergegeben; die Auszüge aus den Briefen an Lucilius sind vom Herausgeber übersetzt, von dem auch die Einführung verfaßt ist.
Folgende lateinische Ausgaben sind heranzuziehen: für die *Dialoge* die Editionen von E. Hermes, Leipzig: Teubner, 1905, von A. Bourgery und R. Waltz (mit französischer Übersetzung), Paris: Les Belles Lettres, [4]1961, und L. D.

Reynolds, Oxford: Clarendon Press, 1977; für die *Briefe* die Editionen von O. Hense, Leipzig: Teubner, 1914, und L. D. Reynolds, Oxford: Clarendon Press, 1965.

Anmerkungen

1 Die schöpferische Epoche der griechischen Philosophie mit den Vorsokratikern, Sokrates, Platon und Aristoteles ist im wesentlichen mit dem letzteren abgeschlossen. Was dann folgt, ist vor allem rezeptiver bzw. reproduktiver Natur. Alle späteren weltanschaulichen Konzeptionen sind daher nur zu verstehen aus der Kenntnis der Anschauungen jener Zeit. In diesem Sinne haben wir in der Einführung versucht, die tragenden Grundgedanken der griechischen Philosophie in ihrer schöpferischen Epoche mit einigen Strichen kurz zu skizzieren.

Die Nietzsche-Zitate stammen aus den Schriften *Die Philosophie im tragischen Zeitalter der Griechen* sowie *Die Geburt der Tragödie aus dem Geiste der Musik.*

Die ungefähren Lebensdaten der erwähnten Philosophen – genaue Daten stehen vielfach nicht fest – sind etwa folgende (Geburtsort bzw. Hauptaufenthaltsort in Klammern beigefügt): Thales (Milet) 640–562, Anaximandros (Milet) 610–546, Anaximenes (Milet) 588–524, Pythagoras (Samos, Kroton) 570–490, Heraklit (Ephesus) 535–475, Xenophanes (Kolophon, Elea) 580–485, Parmenides (Elea) 540–470, Empedokles (Agrigent) 495–435, Anaxagoras (Klazomenä, Athen) 500–428, Demokrit (Abdera) 460–370, Protagoras (Abdera) 481–411, Sokrates (Athen) 469–399, Platon (Athen) 427–348, Aristoteles (Stagira, Athen) 384–322, Antisthenes (Athen) 440–370, Diogenes (Sinope, Athen, Korinth) 410–323, Krates (Theben, Schüler von Diogenes), Zenon (Kition, Athen) 342–264, Kleanthes (Assos) 331–251, Chrysippos (Soli) 281–208, Epikur (Samos, Athen) 341–271, Panaitios (Rhodos, Athen) 185–109, Poseidonios (Apamea, Rhodos) 135–51, sämtlich v. Chr., Epiktet (Hierapolis, Nikopolis) 50–138, Marc Aurel (Rom, römischer Kaiser reg. 161–180) 121–180, beide n. Chr. Es sei nochmals ausdrücklich betont, daß diese Lebensdaten teilweise nur ungefähre Anhaltspunkte geben können (Angaben in Anlehnung an Zeller und Überweg).

Es wäre jedoch abwegig, den Stoizismus deshalb etwa als Materialismus in dem uns geläufigen Sinne kennzeichnen zu wollen; die Sonderstellung des Nicht-Stofflichen wird erst langsam erkannt; erst dann kann man von Materialismus sprechen, wenn trotz der Erkenntnis dieser Sonderstellung alles Seiende auf Stoffliches zurückgeführt wird.

2 Vgl. H. Diels / W. Kranz (Hrsg.), *Die Fragmente der Vorsokratiker*, 3 Bde., Berlin [10]1961, 12 B 1; vgl im übrigen für die Diels-Zitate: Diels, *Herakleitos von Ephesos* (1901), und Diels, *Parmenides' Lehrgedicht* (1897). Für die Fragmente der älteren Stoa ist maßgebend: H. v. Arnim (Hrsg.), *Stoicorum veterum fragmenta*, 3 Bde., Leipzig 1903–05.

3 Platon, *Kratylos* 402a.

4 Vgl. Diogenes Laertius II,6.

5 Giordano Bruno, *Von der Ursache, vom Prinzip und vom Einen*.

6 Epiktet, *Dissertationes* I,1.

7 Diels/Kranz 22 B 10, 49a, 50.

8 Vgl. Epiktet, *Manuale* 53 (v. Arnim I,527).

9 Vgl. Platon, *Apologie des Sokrates*.

10 Vgl. Diogenes Laertius II,25.

11 Plutarch, *Leben des Pelopidas* 1.

12 Zu Diogenes vgl. Diogenes Laertius VI.

13 Man denkt hier unwillkürlich an das schöne Paof wort im 1. Korintherbrief 13,1–3.

14 Zur Wiedergabe der theologischen Anschauungen Senecas vgl. die Schriften *De beneficiis* IV,7,1 und IV,8,3 sowie *Naturales questiones* II,45,1–3.

Von der Gemütsruhe

1. Wenn ich mein Inneres zu erforschen mich bemühte, lieber Seneca, fand ich bei mir mancherlei offenbare und sozusagen handgreifliche Fehler, daneben aber auch manche verborgene, versteckte, solche, die nicht immer sich zeigen, sondern nur zeitweise wiederkehren. Diese möchte ich gerade die lästigsten nennen; sie gleichen feindlichen Plänklern, die anstürmen, wo die Gelegenheit günstig ist, vor denen man nie sicher ist und gegen die man doch auch nicht immer gewappnet sein kann. Das ist mein Zustand, den ich hauptsächlich beklage – ich will offen zu dir reden wie zu einem Arzte –: von dem, was ich fürchte und hasse, bin ich nicht so völlig frei, daß ich ruhig sein könnte, bin aber auch nicht mehr gänzlich darin gefangen. Nicht gerade in ganz schlimmer, aber doch in sehr widerwärtiger und peinlicher Verfassung befinde ich mich: ich bin nicht krank und nicht recht gesund.

Sage nicht, bei allem Vortrefflichen sei der Anfang schwach, erst mit der Zeit erstarke man und werde fester. Wohl weiß ich, daß alles Herrliche, die Würde, die Beredsamkeit und alles, was von dem Urteil der Leute abhängt, allmählich erst zunimmt und daß sowohl das, was wirklichen Gehalt hat, als auch das, was nur durch den Schein besticht, Jahre braucht, bis es endlich Farbe hält: aber ich fürchte gerade, daß die Gewohnheit, die alles fester einwurzeln läßt, auch meinen Fehler stärker ausbildet. Langes Vertrautsein macht uns zuletzt das Böse und das Gute gleich lieb. Diese mangelhafte Festigkeit meines zwischen beiden Seiten hin und her schwankenden Wesens kann ich dir nicht in einem Gesamtbilde zeigen, sondern nur in einzelnen Zügen. Ich will dir sagen, wo es mir fehlt, gib du der Krankheit den Namen.

Ich habe eine große Neigung zur Sparsamkeit, das gestehe ich; ein prunkhaftes Lager gefällt mir nicht, auch nicht ein aus dem Schranke hervorgeholtes Gewand, das mit tausend Gewichten oder Plätteisen beschwert wird, die es glänzend machen sollen, sondern ein geringes Hauskleid, das ich nicht ängstlich schonen muß, sondern unbedenklich brauchen darf. Ich liebe ein Essen, zu dessen Zubereitung und Herbeischaffung nicht viel Dienerschaft und nicht viel Zeit erforderlich ist, kein kostspieliges, weit hergeholtes, sondern eines, das man überall haben kann, das weder den Beutel noch den Magen anstrengt und das nicht wieder da hinausgeht, wo es hineingegangen ist. Mein Diener soll ein einfacher, gewöhnlicher Sklave sein; massives Silber liebe ich, wie mein Vater es auf dem Lande hatte, ohne Verzierungen und Namen des Künstlers; einen Tisch, nicht ausgezeichnet durch Mannigfaltigkeit der Maserung, auch nicht bekannt in der Stadt durch die Anzahl vornehmer Herrschaften, die ihn der Reihe nach besaßen, sondern zum Gebrauch bestimmt und so beschaffen, daß kein Gast ihn allzu wohlgefällig betrachtet und dadurch neidisch wird. Obwohl ich es nun gerne so einfach wie möglich hätte, plagt mich doch der Aufwand einer Pagenschar, eine Dienerschar, mit Gold geschmückt und kostbarer gekleidet als bei Aufzügen, sowie eine Schar prangender Sklaven. Ein Haus ferner, prachtvoll wo man hintritt, wo Reichtümer in allen Ecken zu finden sind und dessen Dach sogar glänzen muß, eine Menschenmenge und ein Anhang, der das schwindende Erbgut immer belagert. Dann das bis auf den Grund kristallklare Wasser, das während des Mahles im Saale fließt, die Gastereien, die solcher Umgebung entsprechen! Es umflutet mich, wenn ich aus meiner sonstigen einfachen Umgebung komme, ein glänzender Luxus und umtönt mich von allen Seiten. Es schwimmt mir vor den Augen und leichter erhebe ich dagegen den Mut als den Blick. Ich ziehe mich wieder zurück, schlechter nicht, aber mißmutig; ich gehe nicht mehr stolz unter jenen Nichtigkeiten umher; heimlich nagt es an mir, und es packt mich der Zweifel, ob denn nicht jene Einfachheit besser wäre. All dies Zeug ändert meine Gesinnung nicht, aber es macht doch immer einen Eindruck auf mich. Ich meine, ich müsse denen folgen, die mir raten, mich in Staatsgeschäfte zu stürzen, Ehrenstellen und Ehrenzeichen der Amtsgewalt zu suchen, nicht sowohl um des Purpurs und des Amtsstabes willen, sondern um meinen Freunden und Verwandten, allen Mitbürgern und schließlich allen Menschen dienstbereiter und nützlicher zu sein. Dann folge ich wieder dem Zeno, Kleanthes, Chrysippus, die alle sich nicht in Staatsgeschäfte einließen, obwohl sie andere dazu veranlaßten. Wenn mein Gemüt, das die Erschütterungen nicht gewohnt ist, irgend etwas erregt, wenn mir etwas begegnet, was meiner unwürdig ist oder was mir nicht recht von der Hand geht, wie das ja in jedem Menschenleben vielfach vorkommt, oder wenn geringfügige Dinge zu viel Zeit in Anspruch nehmen, dann trete ich wieder zurück ins geschäftslose Leben, und wie das Herdenvieh heimwärts rascher geht, selbst wenn es ermüdet ist, so beschränke ich mich wieder mit Freuden auf meine vier Wände. Niemand darf mir da einen Tag rauben; es kann mir ja doch niemand etwas geben, was solchen Verlust ausgliche. In sich selbst soll mein Geist sich versenken, sich selbst soll er bilden, nichts Fremdes treibe er, nichts, was vor den Richter gehört; willkommen sei mir die Ruhe, die von Staats- und Privatangelegenheiten nichts wissen will.

Habe ich dann wieder etwas Erhebendes gelesen, haben edle Beispiele mich angespornt, so möchte ich auf den Marktplatz eilen, dem einen meine Fürsprache anbieten, dem andern meinen Dienst, der wenigstens versuchen will zu nützen, wenn er auch nicht viel ausrichtet; oder ich möchte einen Übermütigen öffentlich demütigen, den das Glück dummstolz gemacht hat. – Was die Studien betrifft, so meine ich, man müsse die Sache im Auge behalten und so reden, daß die unstudierte Rede dem Sachverhalt entspreche. Wozu, sage ich mir, Reden ausarbeiten, die auf Jahrhunderte berechnet sind? Begehrst du denn, daß die Nachwelt von dir redet? Du bist geboren, um zu sterben; bei einem stillen Leichenbegängnisse gibt es nicht viele Umstände. Schreibe daher, um Zeit zu gewinnen, was du schreiben mußt, für dich in einfachem Stile, aber nicht des Ruhmes wegen; wer nicht für die Zukunft schreiben will, braucht sich nicht soviel Mühe zu geben. – Habe ich mich dann wieder von der Gedankenfülle erholt, so nehme ich es genauer mit den Worten und trachte danach, im Ausdruck wie in den Gedanken einen höheren Schwung zu nehmen, daß das Wort der Größe des Gedankens gleichkomme; der Vorschrift und der leitenden einengenden Regel uneingedenk, nehmen die Gedanken einen höheren Flug, und es ist dann nicht mehr mein eigener (schlichter) Stil.

Ich will nicht weiter ins einzelne gehen: überall verfolgt mich der Mangel an Festigkeit bei allem guten Willen, und es ist zu befürchten, daß ich diesen allmählich ganz verliere oder wie einer, der fallen will, immer in der Schwebe bleibe, und es möchte dann vielleicht noch etwas Schlimmeres geschehen, als was ich ahnen kann; denn unser eigenes Wesen sehen wir immer allzu günstig an, und Vorliebe besticht das unbefangene Urteil. Viele, meine ich, hätten zur Weisheit gelangen können, wenn sie nicht geglaubt hätten, sie seien schon am Ziel, wenn sie nicht gegen sich selbst geheuchelt hätten und mit offenen Augen über manches hinweggegangen wären. Nicht sowohl fremder, als vielmehr eigener Weihrauch ist uns verderblich. Wer hat es je gewagt, ganz wahr gegen sich selbst zu sein? Wer schmeichelt nicht inmitten von Lobhudlern und Schmeichlern sich selbst am meisten?

Wenn du nun ein Mittel kennst, diesem meinem Schwanken ein Ende zu machen, so bitte ich dich, halte mich für wert, dir meine Ruhe zu verdanken. Wohl weiß ich, daß diese inneren Schwankungen nicht gefährlich sind, daß sie keine Staatsumwälzungen hervorrufen; darf ich ein, wie mir scheint, passendes Bild von dem Zustande gebrauchen, der mich quält, so möchte ich sagen: ich leide nicht durch den Sturm, aber ich habe die Seekrankheit. Entreiße mich nun diesem immerhin schlimmen Zustande und hilf mir, der ich in Not bin, obgleich ich das Land in Sicht habe!

2. Lieber Serenus! Schon lange fürwahr denke ich im stillen darüber nach, womit ich deinen Zustand vergleichen könne; und ich wüßte kein passenderes Gleichnis als das eines Menschen, der, von einer langen und schweren Krankheit genesen, noch zuweilen von einzelnen Störungen und leichten Anfällen ergriffen und, wenn er auch schon über diese Resterscheinungen hinweg ist, doch noch von Besorgnissen beunruhigt wird, schon genesen, doch noch dem Arzte den Puls darreicht und jede Wärme des Körpers verdächtig findet. Bei solchen, mein Serenus, ist der Leib nicht etwa noch nicht gesund, sondern er ist an die Gesundheit noch nicht völlig gewöhnt, so wie das Meer oder ein See immer noch bewegt ist, wenn auch der Sturm schon schweigt. Du bedarfst darum nicht jener stärkeren Mittel, die ich auch übergehen will, daß du dir selbst Gewalt antust, über dich in Zorn gerätst, strenger gegen dich bist; du darfst dir nur selber vertrauen und glauben, daß du auf dem rechten Wege seiest, unbeirrt durch die Fußtapfen anderer, die da und dort herumlaufen und den rechten Weg gerade verfehlen. Was du erstrebst, ist etwas recht Großes, Erhabenes, Gottgleiches: nicht aus dem Gleichgewicht kommen. Diese Unerschütterlichkeit der Seele nennen die Griechen Euthymia, Wohlgemutheit, worüber Demokritus ein treffliches Buch geschrieben hat; ich nenne sie *Gemütsruhe*. Wir brauchen ja nicht die griechischen Worte nachzubilden und wörtlich zu übersetzen; die Sache, um die es sich handelt, ist durch irgendeinen Ausdruck zu bezeichnen, der den Sinn des griechischen Wortes wiedergibt, wenn er auch nicht die gleiche Form hat. Untersuchen wir also, wie man es dahin bringen könne, daß das Gemüt immer seinen gleichen, ruhigen Gang gehe, mit sich selbst zufrieden sei und seinen eigenen Zustand mit Wohlgefallen betrachte, und daß es diese Freude nicht unterbreche, sondern ständig gelassen bleibe, nicht auf und ab wogend. Das werden wir unter Gemütsruhe zu verstehen haben. Wie man zu dieser gelangen könne, das laß mich im allgemeinen untersuchen und nimm du dir dann davon, so viel dir beliebt. Der ganze Übelstand muß besprochen wer-

den, daraus wird jeder erkennen, was ihn angeht; zugleich wirst du daraus ersehen, daß für dich das Mißfallen an dir selbst nicht so schlimm ist wie für diejenigen, die, von einem großen Namen beschwert, eine glänzende Rolle zu spielen verpflichtet sind und die mehr aus Ehrgefühl als freiwillig in ihrer Verstellung verharren. Alle befinden sich in der gleichen Lage, sowohl diejenigen, die ihr leichter Sinn, der Überdruß und der fortwährende Wankelmut plagt und denen immer das besser gefällt, was sie nicht mehr haben, als auch die andern, die Untätigen mit ihrer Langeweile. Ebendahin gehören diejenigen, die den Menschen gleichen, die aus Schlaflosigkeit auf dem Ruhebett sich herumwälzen und sich bald so bald anders hinlegen, bis sie endlich ermattet zur Ruhe kommen: diese ändern immer an ihren Verhältnissen, bis sie schließlich darin bleiben, nicht weil ihnen jetzt der Wechsel verhaßt wäre, sondern weil sie das hohe Alter für Neuerungen träge gemacht hat. Auch diejenigen sind hierher zu rechnen, die nicht aus Charakterstärke beharrlich sind, sondern aus Trägheit. Solche leben nicht wie sie wollen, sondern eben wie sie es von Anfang an gewöhnt sind. Es gibt unzählige Eigentümlichkeiten bei diesem Fehler, die Wirkung ist aber immer dieselbe: Unzufriedenheit mit sich selbst. Diese kommt aus Mangel an Selbstbeherrschung, aus Begierden ohne Entschlossenheit, wo man das, was man wünscht, gar nicht wagt oder es nicht erreicht. Solche Leute hoffen immer und sind immer wankelmütig und unbeständig, was notwendig der Fall ist, wenn man seinen Gelüsten nachhängt. Niemals haben sie einen festen Halt und zwingen sich oft zu schwierigen und häßlichen Dingen. Ist ihre Mühe ohne Erfolg, so quält sie die vergebliche Selbsterniedrigung, und es ist ihnen leid, nicht daß sie etwas Schlechtes gewollt haben, sondern daß nichts dabei herausgekommen ist. Dann reut sie auch das ganze Unternehmen, und sie verlieren den Mut, etwas Neues anzufangen; es beschleicht sie das Schwanken eines Gemütes, das keinen Ausweg sieht, weil es seinen Begierden weder gebieten noch gehorchen kann, das Tasten eines nicht zielbewußten Lebens und das

Verkümmern eines unter vereitelten Wünschen erstarrenden Gemüts. Das wird noch ärger, wenn solche Menschen im Verdruß über Mißerfolge sich vom Leben und Treiben ganz zurückziehen. Ein Mensch, der am öffentlichen Leben Freude hatte, tätig und rührig war, kann das nicht ertragen, weil er zu wenig inneren Gehalt hat. Wenn dann die Unterhaltung fehlt, die das Geschäft mit sich brachte, so ist einem solchen sein Haus und die Einsamkeit in seinen vier Wänden unerträglich, und sich selbst überlassen, ist er sich selbst zur Last. So entsteht der Überdruß, die Unzufriedenheit mit sich, das Schwanken einer haltlosen und gehaltlosen Seele, die mit ihrer freien Zeit nichts Rechtes anzufangen weiß. Man schämt sich, den Grund der Verstimmung einzugestehen, das Schamgefühl ist eine innerliche Folter, und die verschlossenen Leidenschaften, die sich nicht austoben können, würgen gleichsam sich selbst ab. Daher der Gram und das Dahinsiechen, das tausendfache Wogen eines unbeständigen Gemütes, das bei jedem Unternehmen aufgeregt, bei jedem Mißlingen völlig niedergeschmettert ist. Darum verwünschen sie ihre Muße und klagen, daß sie nichts zu tun haben, daher der bittere Neid, wenn andere emporkommen. Das unselige Nichtstun nämlich nährt die Mißgunst; man wünscht, daß alle hinabgedrückt werden, weil man sich selbst nicht hinaufschwingen konnte. In dieser Abneigung gegen das Emporkommen anderer und am eigenen Glücke verzweifelnd, zürnt man auf das Geschick, klagt über den Zeitgeist, zieht sich in einen Winkel zurück, nagt an seiner eigenen Nichtigkeit und ist sich selbst zur Last und zum Ekel. Die Menschenseele ist von Natur rührig und zur Tätigkeit geneigt; erwünscht ist ihr jede Anregung und jeder Anlaß, aus sich selbst herauszugehen; am erwünschtesten ist dies oft den unbedeutendsten Köpfen, die sich gerne in Vielgeschäftigkeit aufreiben. Wie gewisse Geschwüre die Berührung und das Kratzen gern haben, wie die häßliche Krätze alles liebt, was reizt, so sind solchen Menschen, bei denen Begierden wie böse Geschwüre ausgebrochen sind,

Geschäfte und Umtriebe ein Genuß. Es gibt ja manches, was dem Körper eine Art von schmerzendem Genuß bereitet, z. B. sich umwenden auf die noch nicht müde Seite und sich immer wieder eine andere Lage geben. So beugt Achilles bei Homer sich bald vorwärts, bald rückwärts in verschiedenen Körperlagen, und Kranke haben die Gewohnheit, nie lange stillzuliegen, als ob der Wechsel eine Arznei wäre. So macht man Reisen da- und dorthin, durchwandert die Meeresküsten, und es versucht sich der veränderliche Sinn bald zur See, bald zu Land, niemals befriedigt von dem, was er hat. »Nun wollen wir nach Kampanien!« Bald ist diese liebliche Gegend langweilig, man muß eine wilde Natur sehen »Die bruttischen und lukanischen Waldgebirge wollen wir durchwandern! Etwas Angenehmes wird sich doch in der Wildnis finden, woran der verwöhnte Blick von so vielen unfreundlichen Bildern sich erhole.« Tarent wird erstrebt mit seinem gepriesenen Hafen, ein Winteraufenthalt in milderem Klima, ein Ort, der selbst für die große Bevölkerung genügend Unterkunft bot. »Doch nun zurück nach Rom!« Schon allzulange hat das Ohr den Lärm der Stadt nicht mehr gehört; man muß wieder Menschenblut sehen! Eine Reise um die andere wird unternommen, ein Schauspiel wechselt mit dem anderen, wie Lucretius sagt:

»Also flieht vor sich selbst beständig ein jeder.«

Aber was hilft das Fliehen? Kann man sich selbst doch nicht *ent*fliehen; das Ich geht überall mit hin, der lästige Begleiter. Nicht an den Orten liegt der Fehler, sondern in uns selbst. Wir sind zu schwach zu jeglichem Ertragen; auf die Dauer behagt uns weder Anstrengung noch Genuß, weder das Unsrige noch Fremdes. Das hat manche in den Tod getrieben, daß sie ihre Vorsätze oft änderten und doch wieder auf dasselbe zurückkamen und nichts Neues erreichten. So wurde ihnen schließlich ihr Leben und die ganze Welt zum Ekel; toll vor Genußsucht sagten sie: Wozu das ewige Einerlei?

3. Was für ein Mittel ich gegen solchen Lebensüberdruß vorschlage, fragst du. Das beste scheint zu sein, wenn man, wie Athenodorus rät, mit Geschäften, Staatsangelegenheiten und bürgerlichen Dienstleistungen sich abgibt. Denn wie manche in der Sonnenhitze, in Abhärtung, Pflege und Übung des Körpers den Tag zubringen, wie es für Athleten das beste ist, ihre Arme und ihre Kraft, die bei ihnen Hauptsache ist, mit viel Zeitaufwand zu stärken, so wird es für uns, wenn wir uns einmal in den Wettkampf bürgerlicher Angelegenheiten eingelassen haben, das beste sein, immer sich in Tätigkeit zu erhalten. Hat sich einer einmal vorgenommen, seinen Mitbürgern und überhaupt der Menschheit nützlich zu sein, so übt er sich und macht Fortschritte, wenn er sich recht ins Geschäft hineinstürzt und öffentliche sowie private Angelegenheiten nach Kräften verwaltet. Aber weil – so sagt Athenodorus – bei dem unsinnigen Ehrgeize der Menschen, bei so viel Verleumdung, die das Rechte ins Schlechte verkehrt, deine Ehrlichkeit dir nicht groß nützt, immer mehr Hinderndes als Förderndes an dich herantritt, so ist es besser, vom Staatsleben wenigstens und von öffentlichen Geschäften sich zurückzuziehen; ein großer Geist kann seine Wirksamkeit ja auch im Privatleben entfalten. Es ist bei den Menschen nicht wie bei den Löwen und bei anderen Tieren, deren Kraftentfaltung durch ein Gitter gehemmt wird – ihre Wirksamkeit vielmehr ist oft am bedeutendsten im beschränkten Kreise. Sie ziehe sich aber nur insoweit zurück, daß sie immer, auch in der Verborgenheit, sowohl einzelnen als auch der Gesamtheit mit Talent, Worten und gutem Rat zu dienen bestrebt sei. Dem Staate nützt ja nicht nur der, der Leute empfiehlt, die sich um Ämter bewerben, oder der, der Angeklagte in Schutz nimmt und seine Stimme über Krieg und Frieden abgibt, sondern auch, wer die Jugend begeistert, wer bei dem großen Mangel an tüchtigen Lehrern den Gemütern Tugend einpflanzt, wer Leute, die dem Gelde und dem Wohlleben nachjagen, ergreift und zurückhält oder wenigstens aufhält: auch ein solcher wirkt für die Öffentlichkeit, selbst als Privatmann.

Oder hat derjenige, der unter Fremden und Bürgern oder als Prätor der Stadt den Parteien Recht spricht, mehr Verdienst als derjenige, der lehrt, was Gerechtigkeit sei, was Frömmigkeit, was Geduld, was Tapferkeit, was Todesverachtung, was Gotteserkenntnis, und was für eine herrliche Sache ein gutes Gewissen sei? Darum, wenn man seine Zeit auf solche Studien verwendet, so hat man eigentlich kein Amt ausgeschlagen und sich keiner Pflicht entzogen. Nicht der allein ist Soldat, der in der Schlachtreihe steht und den rechten oder linken Flügel verteidigt, sondern auch derjenige, der die Tore schützt oder auf irgendeinem, wenn auch nicht besonders gefährlichen, so doch nicht unnötigen Posten steht, Wachtdienst leistet oder das Zeughaus verwaltet. Auch solche Geschäfte zählen als Kriegsdienstjahre, obwohl man dabei kein Blut sieht. Wer sich zu den Wissenschaften zurückzieht, der entgeht allem Lebensüberdrusse und wird nicht aus Ekel am Tageslicht die Nacht herbeiwünschen. Man ist weder sich zur Last, noch anderen entbehrlich; man kann viele zur Freundschaft heranziehen, und die Tüchtigsten werden einem solchen zuströmen. Denn Tüchtigkeit bleibt nie verborgen, auch wenn sie sich zurückzieht; sie hat ihr Erkennungszeichen, die Würdigen finden ihre Spur. Allerdings, wenn man allen Umgang mit den Menschen aufgibt und unter solchem Verzicht nur für sich lebt, dann kommt in dieser Einsamkeit ohne Streben das drückende Gefühl, man habe nichts zu tun. Man fängt an zu bauen und einzureißen, das Meer einzudämmen, Wasserleitungen anzulegen allen Geländeschwierigkeiten zum Trotz, und mit der Zeit, die uns die Natur gibt, schlecht hauszuhalten. Das eine Mal gehen wir mit ihr sparsam um, das andere Mal verschwenderisch. Das eine Mal können wir wohl von ihr Rechenschaft geben, das andere Mal haben wir nichts aufzuweisen. Nichts ist schändlicher, als wenn ein Greis mit nichts anderem beweisen kann, daß er lange gelebt hat, als mit der Zahl seiner Jahre.

Athenodorus scheint mir, lieber Serenus, den Umständen zu viel nachgegeben und sich zu schnell zurückgezogen zu haben. Zuweilen muß man allerdings zurückgehen, aber allmählich, so daß man seine Fahne rettet und seine Soldatenehre. Wer zum Feinde kommt, die Waffe in der Hand, der kann besser und sicherer unterhandeln. So, meine ich, müsse es die Tüchtigkeit machen und wer nach ihr strebt. Wenn das Schicksal die Übermacht zeigt und uns die Gelegenheit zum Wirken nimmt, muß man nicht sogleich die Waffen wegwerfen und fliehen, einen Schlupfwinkel suchend, als ob es einen Ort gäbe, wohin das Schicksal uns nicht verfolgen könne, sondern man muß sich nur spärlicher in Geschäfte einlassen und mit Auswahl etwas treiben, wobei man dem Staate nützen kann. Kann einer nicht als Soldat dienen, so sehe er sich nach anderen Ehrenstellen um: soll er als Privatmann leben, so werde er Redner; soll er nicht reden, so stehe er stillschweigend den Mitbürgern bei; erscheint es ihm gefährlich, auf den Markt zu gehen, so sei er in den Häusern, in den Theatern, bei Gastmählern ein wackerer Kamerad, ein treuer Freund, ein maßvoller Gast. Hat er seine bürgerliche Wirksamkeit verloren, so übe er die allgemein menschliche. Großen Sinnes haben wir uns nicht in die Mauern einer einzigen Stadt eingeschlossen, sondern haben einen Weltverkehr eröffnet, uns für Weltbürger erklärt, um der Tüchtigkeit ein weiteres Feld zu eröffnen. Ist dir der Richtersitz verschlossen, darfst du der Rednerbühne und den Wahlversammlungen nicht nahen, so schaue hinter dich, welch weite Gegenden, wieviel Völkerschaften dir offenstehen; immer wird der Teil, der dir übrigbleibt, größer sein als der, der dir verschlossen ist. Aber siehe zu, daß dies nicht ganz dein eigener Fehler ist. Du willst vielleicht nur als Konsul oder sonst in einem hohen Amte dem Staate dienen? Das wäre gerade, wie wenn du nur als Oberfeldherr oder als General Kriegsdienste leisten wolltest. Wenn auch andere höhergestellt sind als du, wenn das Geschick dich ins dritte Glied (zu den Triariern) gestellt hat, so diene da mit Wort, Ermunterung, Vorbild, Gesinnung. Auch mit abgehauenen Händen hat jener bekannte Soldat noch ein Mittel gefunden, den Seinen zu nützen (er hielt einen feindlichen

Nachen mit den Zähnen); auch wenn einer nur dasteht, kann sein Rufen nützlich sein. Etwas der Art kannst du tun, wenn das Schicksal dich nicht an eine hervorragende Stelle im Staate gestellt hat. Stehe nur fest auf deinem Posten und nütze durch Rufen; stopft man dir den Mund: bleib nur stehen und nütze stillschweigend. Das Tun eines rechtschaffenen Bürgers ist nie ganz vergeblich; durch sein Hören und Sehen, durch Miene und Wink, durch stummen Widerstand, durch sein Einhergehen sogar kann er nützen. Wie gewisse heilsame Kräuter durch ihren Geruch nützen, ohne daß man sie kostet oder berührt, so verbreitet die Tüchtigkeit ihren Nutzen auch aus der Ferne und in der Verborgenheit. In jeder Lage kann der Wackere segensreich wirken, ob er sich ausbreiten und seine natürliche Wirksamkeit entfalten kann, oder ob er, in seinem Tun beschränkt, nicht mit vollen Segeln fahren darf, müßig und stumm sein muß, ob er einen engen Wirkungskreis hat oder einen weiten. Oder hältst du das Beispiel einer edlen Ruhe für weniger nützlich? Weitaus das beste ist es daher, die Geschäftigkeit abwechseln zu lassen mit Ruhe, sooft die Tätigkeit durch zufällige Hindernisse oder durch die Verhältnisse des Staates behindert wird. Nie ist ja alles so ganz abgeschnitten, daß ein edles Tun völlig unmöglich wäre. Kann man einen beklagenswerteren Staat finden, als der der Athener war, da die dreißig Tyrannen an ihm zerrten? Dreihundert der edelsten Bürger hatten sie ermordet, aber damit war ihre Wut nicht zu Ende, sondern steigerte sich noch mehr. In diesem Staate war ein Areopag, das gewissenhafteste Kollegium, ein Senat und ein dem Senate ähnliches Volk; aber jeden Tag versammelte sich die Henkerbande, und die unglückselige Kurie war zu eng für die Tyrannen. Konnte jener Staat geordnet heißen, in dem es so viel Tyrannen gab, wie diese Trabanten hatten? Nicht einmal die Hoffnung, die Freiheit wiederzuerlangen, konnte jemand hegen; keine Aussicht auf Abhilfe war vorhanden gegen ein so riesiges Elend, denn wo sollte der unglückliche Staat Männer genug herbekommen, wie Harmodios war? Und doch lebte damals inmitten dieses Staates ein Sokrates, der die trauernden Väter tröstete, diejenigen ermunterte, die an der Republik verzweifelten, der den um ihre Schätze besorgten Reichen zu bedenken gab, daß sie ihren gefährlichen Geiz zu spät bereuen werden, und der jedem, der ihn nachahmen wollte, als treffliches Muster vorleuchtete, indem er allein unter dreißig Herrschern als freier Mann einherging. Athen selbst tötete diesen Mann im Kerker; er hatte als einfacher Bürger der ganzen Schar von Tyrannen getrotzt: aber die Freiheit vermochte seine Freiheit nicht zu ertragen; ein Beweis, wie auch in bedrängten Zeiten ein weiser Mann Gelegenheit hat, sich auszuzeichnen, während in einem blühenden glücklichen Staate das Geld, der Neid und tausend andere Laster ohne Waffen die Herrschaft führen. Je nachdem also die Umstände und der Zustand des Staates es gestatten, muß man sich einer volleren oder einer eingeschränkten Wirksamkeit hingeben, in jedem Falle aber muß man sich rühren und nicht untätig sein, vor Furcht erstarrt. Ja gerade nur der ist ein *Mann* in des Wortes voller Bedeutung, der, wenn ihn rings Gefahren bedrohen, Waffen und Ketten ihn umklirren, nicht mit seiner Tüchtigkeit scheitert und sich nicht verbirgt. Denn sich erhalten, heißt nicht sich verbergen. Curius Dentatus, wenn ich nicht irre, sprach es aus, er wolle lieber tot sein, als wie ein Toter leben. Das schlimmste Übel ist, ausscheiden aus der Schar der Lebendigen, ehe man stirbt. Lebt man aber in einer Zeit, wo im Staate nicht viel zu machen ist, dann muß man sich eben mehr der Muße und den Studien hingeben; gerade wie man bei gefahrvoller Schiffahrt rechtzeitig in den Hafen einläuft, so muß man auch zur rechten Zeit sich von den Umständen losreißen und nicht zuwarten, bis man von den Umständen im Stiche gelassen wird.

4. In erster Linie müssen wir achthaben auf uns selbst, dann auf die Geschäfte, an die wir gehen, endlich auf diejenigen, für die und mit denen wir zu tun haben. Vor allem ist es nötig, daß wir uns selber richtig beurteilen, denn oft meinen wir, mehr leisten zu können, als wir in Wirklichkeit

imstande sind. Der eine beginnt etwas, weil er sich für einen Redner hält; ein anderer mutet seinen Vermögensverhältnissen mehr zu, als sie leisten können, ein dritter richtet seinen schwachen Körper durch übermäßige Anstrengung zugrunde. Manche sind nicht geeignet für öffentliche Geschäfte, weil sie zu schüchtern sind, während man da eine eiserne Stirn haben muß; andere taugen nicht an den Hof, weil sie zu derb sind; manche können den Zorn nicht beherrschen und lassen sich im Unwillen zu unbesonnenen Worten hinreißen; andere können ihren Witz nicht zügeln und gefallen sich in gefährlichen Spötteleien. Für diese alle ist die Ruhe besser als das geschäftige Leben; eine heftige, ungeduldige Natur muß die Reizungen einer schädlichen Freiheit vermeiden.

5. Ferner muß man das abwägen, worauf man sich einläßt, und seine Kräfte vergleichen mit dem, was man unternehmen will. Das Bewegende muß nämlich immer stärker sein als die Last; man unterliegt natürlich, wenn die Last größer ist als die Tragkraft. Überdies sind manche Geschäfte nicht so sehr groß als folgenreich, sie ziehen andere Arbeiten nach sich; solche Unternehmungen muß man meiden, aus denen eine neue verwickelte Beschäftigung entsteht. Auch darf man nichts anfangen, wovon man nicht wieder frei zurücktreten kann; nur da muß man Hand anlegen, wo man ein Ende machen oder wenigstens hoffen kann. Was sich allzu weit ausdehnt und kein rechtes Ende gewinnen will, das läßt man lieber liegen.

6. Hauptsächlich muß man unter den *Menschen* eine Auswahl treffen und sich fragen, ob sie es wert seien, daß wir ihnen einen Teil unseres Lebens widmen, und ob der Verlust unserer Zeit ihnen zum Nutzen gereiche. Manche tun ja gar, als ob wir ihnen noch danken müßten dafür, daß wir die Ehre hatten, ihnen zu dienen. Athenodorus sagt, er gehe nicht einmal zu Tisch zu einem Menschen, der das nicht für eine Ehre halte. Gewiß wäre er noch weniger zu solchen

gegangen, die ihren Tisch als Freundschaftsdienst hoch anschlagen und ihre kleinen Gaben als fürstliche Geschenke anrechnen, als ob sie mit solchem Aufwand andere beehrten. Nimm ihnen Zeugen und Zuschauer, und ihre Küche wird sie nicht mehr erfreuen, wenn sie allein bleiben. Du mußt überlegen, ob du von Natur mehr geeignet seist zum Geschäftsleben oder zu ruhigem Studium und zum Nachdenken; dahin mußt du dich wenden, wohin deine Begabung und Anlage dich zieht. Isokrates führte den Ephoros mit Gewalt von der Rednerbühne hinweg, weil er ihn für geeigneter hielt zur Ausarbeitung von Geschichtswerken. Erzwungene Geistesarbeit ist wertlos; eine Arbeit, die der eigensten Natur nicht gemäß ist, hat keinen Wert. (Man muß mit Leib und Seele dabei sein!)

7. Nichts jedoch erquickt den Geist so sehr wie treue innige Freundschaft. Welch ein Schatz ist ein Herz, dem man sicher jedes Geheimnis anvertrauen kann, dessen Mitwissen du weniger fürchten mußt als dein eigenes, dessen Wort deinen Kummer lindert, dessen Rat deine Pläne fördert, dessen Heiterkeit deine Traurigkeit verscheucht, dessen Anblick schon dich aufheitert. Natürlich müssen wir solche Menschen zu Freunden wählen, die möglichst frei sind von Leidenschaften. Denn die Laster schleichen und springen auf den nächsten besten über und schaden durch bloße Berührung. Wie man daher in Pestzeiten sich in acht nehmen muß, daß man sich nicht zu Leuten hinsetzt, die von der Krankheit schon angesteckt sind, weil das gefährlich ist und man selbst durch den Hauch krank werden kann, so muß man bei der Wahl der Freunde nur solche berücksichtigen, die möglichst wenig vom Bösen angesteckt sind. Der Anfang der Krankheit besteht darin, daß das Gesunde in allzu nahe Berührung mit dem Kranken kommt. Doch möchte ich damit nicht sagen, du dürfest nur den wahrhaft Weisen zu deinem Freunde machen, denn wo wolltest du den finden, den man schon seit Jahrhunderten sucht. Kann man den Besten nicht haben, so muß man den wenigst

Schlimmen nehmen. Du könntest kaum ganz glücklich wählen, wenn du unter Leuten wie Plato und Xenophon und jenem Nachwuchse der sokratischen Schule die Besten auslesen solltest oder wenn du in Catos Zeitalter dich umsehen dürftest, da so viele lebten, wert, Catos Zeitgenossen zu sein (wo es aber auch die schlimmsten Leute gab, welche die größten Verbrechen ausübten. Beiderlei Leute mußte es geben, daß ein Cato gewürdigt wurde; es mußten tüchtige da sein, die ihn anerkannten, und schlechte, an denen seine Tugend sich erproben konnte). In der Gegenwart aber, wo die Tüchtigen so dünn gesät sind, möge man nicht so wählerisch vorgehen. Ganz besonders muß man Sauertöpfe meiden, die über alles seufzen und über jegliches Klage zu führen wissen. Mag ein solcher immerhin ein treuer, wohlwollender Mensch sein, er ist doch ein Feind unserer Gemütsruhe, wenn er immer unzufrieden ist und über alles seufzt.

8. Gehen wir über zu den Vermögensverhältnissen, der reichsten Quelle menschlichen Elends. Vergleicht man alles, was uns sonst bedrängt, Todesfälle, Krankheiten, Befürchtungen, Wünsche, Erduldung von Schmerzen und Arbeiten, mit den Übeln, die das Geld uns bereitet, so werden diese weit überwiegen. Daher muß man bedenken, daß das Leid, nichts zu haben, weit geringer ist als das, seinen Besitz zu verlieren; wir werden einsehen, daß die Armut um so weniger Anlaß zu Verdruß hat, je weniger sie verlieren kann. Es wäre falsch, zu meinen, die Reichen ertragen Verluste mit mehr Mut; der kleinste und der größte Körper erträgt eine Verwundung mit demselben Schmerz. Bion sagt treffend, es tue den Kahlköpfigen so wehe wie den reich Behaarten, wenn man ihnen Haare ausreiße. Das gleiche gilt von den Armen und von den Reichen; es schmerzt sie in gleicher Weise; beiden liegt ihr Geld am Herzen und kann nicht ohne Schmerz ihnen genommen werden. Leichter zu ertragen aber ist es, wie gesagt, etwas gar nicht zu bekommen als es zu verlieren; darum sind, wie man sieht, diejenigen vergnüg-

ter, die das Glück gar nie besucht hat, als diejenigen, die es wieder verließ. Diogenes, dieser große Geist, hat das eingesehen und hat dafür gesorgt, daß ihm nichts entrissen werden konnte. Nenne diesen sorglosen Stand Armut, Mangel, Dürftigkeit, schmähe ihn, wie du willst: erst dann will ich glauben, daß jener nicht glücklich war, wenn du mir einen nennst, dem nichts verlorengehen kann. Es ist, wenn ich nicht ganz irre, königlich, unter Geizigen, Betrügern, Räubern, Wegelagerern der einzige zu sein, dem man keinen Schaden zufügen kann. Wer daran zweifelt, daß Diogenes glücklich gewesen, der kann auch im Zweifel sein, ob nicht die Götter unglücklich leben, weil sie weder Landgüter noch Gärten haben, weder durch Verpachtung gewinnbringende Ländereien noch große Wucherguthaben bei den Banken. Wer du auch sein magst, schämst du dich nicht, Reichtümer anzustauen? Blicke in die Welt hinein: besitzlos wirst du die Götter finden; sie geben alles, für sich behalten sie nichts. Hältst du den, der sich allen zufälligen Besitzes entäußerte, für arm oder nicht vielmehr für gottähnlich? Hältst du den Demetrius, den Freigelassenen des Pompejus, für glücklicher, der sich nicht schämte, reicher als Pompejus zu sein? Täglich zählte er die Menge seiner Sklaven wie Pompejus seine Soldaten, er, dem zwei Diener hätten genug sein sollen und eine etwas geräumigere Zelle. Dem Diogenes entlief sein einziger Sklave; er hielt es aber nicht für der Mühe wert, ihn wiederzuholen, als man ihm den Menschen zeigte. »Es wäre übel«, sagte er, »wenn Manes ohne Diogenes leben könnte, Diogenes aber nicht ohne Manes.« Hat er nicht damit gesagt: tue, was du willst, Schicksal; bei Diogenes hast du nichts mehr zu suchen? Ein Sklave ist mir entlaufen? Nein, als Freier hat er mein Haus verlassen. Die Sklaven verlangen Bekleidung und Kost; man muß die Bäuche aller dieser gefräßigen Tiere versorgen, man muß ihnen Kleider kaufen, achthaben auf ihre Diebsfinger und ihr Geheul und Geschimpf hören, wenn sie etwas tun sollen. Wieviel glücklicher ist, wer von niemand abhängt als von sich selbst; da hat er leicht Neinsagen. Doch da wir nicht so viel Kraft (wie

Diogenes) besitzen, sollten wir wenigstens unsern Besitz beschränken, um den Unbilden des Geschicks weniger ausgesetzt zu sein. Körper, die in ihre Rüstung hineinpassen, sind im Kampfe tauglicher als solche, die darüber hinausragen und durch ihre Größe überall den Verwundungen ausgesetzt sind. Nicht eben in der Armut sitzen, aber doch nicht sehr weit von ihr entfernt sein, das ist das günstigste Vermögensverhältnis.

9. Dieses Maß wird uns gefallen, wenn uns schon zuvor die Sparsamkeit gefallen hat, ohne die aller Reichtum nicht genügt und nicht ausreicht, besonders da man sich leicht helfen kann, indem man mit Hilfe der Genügsamkeit die Armut in Reichtum verwandelt. Gewöhnen wir uns, allen Aufwand von uns fernzuhalten und auf den Nutzen der Dinge zu sehen, nicht auf die Schönheit. Die Speise sei für den Hunger da, der Trank für den Durst, der Sinnenlust gebe man nach, soweit es sein muß. Lernen wir, unsern Gliedern etwas zuzumuten, in Kleidung und Nahrung es nicht mit der neuesten Mode, sondern mit den Vorfahren zu halten. Lernen wir, die Enthaltsamkeit steigern, den Luxus beschränken, den Gaumen im Zaum halten, den Jähzorn sänftigen, Armut mit Gleichmut betrachten, die häufig verachtete Einfachheit ehren, für die natürlichen Bedürfnisse Dinge wählen, die leicht anzuschaffen sind; lernen wir, ausschweifende Hoffnungen und den in die Zukunft strebenden Geist gleichsam in Fesseln zu halten, und streben wir danach, den Reichtum nicht dem Glück, sondern uns selbst verdanken zu wollen. Der große Wechsel und die Ungunst des Schicksals kann nicht so abgewehrt werden, daß nicht, wenn wir große Segel ausspannen, viel Sturm sie erfaßt; man muß die Segel einziehen, damit die Geschosse des Geschicks ins Leere fliegen. Daher hat schon Verbannung und Unglück heilsam gewirkt, und durch kleinere Nachteile sind größere geheilt worden, wo der Mensch guten Lehren kein Gehör schenkte und wo gelindere Mittel nicht halfen. Warum sollte es nicht heilsam sein, Armut und

Schande und Vermögensverlust als Zuchtmittel zu gebrauchen? Ein Übel muß das andere vertreiben. Gewöhnen wir uns also, zu speisen ohne eine Menge von Gästen, bedient zu werden von nur wenig Sklaven, Kleider nur zu dem Zweck anzuschaffen, zu dem man sie überhaupt hat, und einfacher zu wohnen. Nicht nur im Wettlauf und bei den Spielen des Zirkus, auch im gewöhnlichen Leben muß man nach innen einlenken können. Auch bei den wissenschaftlichen Bestrebungen, was ja doch der edelste Aufwand ist, muß man vernünftig zu Werk gehen und maßhalten. Wozu unzählige Bücher und Büchersammlungen, von denen der Besitzer in seinem ganzen Leben kaum die Titelverzeichnisse liest? Die Masse ist für's Lernen lästig, nicht fördernd; viel nützlicher ist es, mit wenigen Schriftstellern sich eingehend zu beschäftigen, als viele durchzublättern. Viermal hunderttausend Bücher verbrannten in Alexandria. Als ein stattliches Denkmal königlichen Reichtums mögen andere das preisen, wie Livius, der dies ein herrliches Werk des Geschmacks und der wissenschaftlichen Fürsorge der Könige nennt. Nicht Geschmack und Fürsorge war es, sondern gelehrter Luxus; ja nicht einmal gelehrter, denn nicht zum Studium, sondern zur Schaustellung hatten sie gesammelt, wie viele, die nicht so viel Kenntnisse haben wie ein Sklave, Bücher nicht ansehen als Mittel zum Studieren, sondern als Schmuck ihrer Speisesäle. Man schaffe sich daher Bücher an, soviel man braucht, nicht auf den Schein oder zum Prunk. »Vernünftiger ist doch«, entgegnest du, »der Aufwand für Bücher als die Anschaffung von korinthischen Vasen und Gemälden.« Was zuviel ist, ist auf jedem Gebiete von Übel! Wie kann man einen Menschen entschuldigen, der Schränke von Zedernholz und Elfenbein machen läßt, der die Bände unbekannter oder verrufener Schriftsteller sammelt und zwischen so viel tausend Büchern gähnt und die Hauptfreude an den Schildern und Titeln seiner Bücher hat. Bei dem geistlosesten Menschen kann man so alle Redner und Historiker finden und Bücherschränke bis an das Dach hinauf; selbst in Badehäusern und Thermen wird eine Bibliothek angebracht als notwendiger Schmuck des Hauses. Man müßte das gelten lassen, wenn es von gar großer Vorliebe für die Wissenschaften herkäme, aber jene ausgesuchten und mit Bildnissen verzierten Werke hervorragender Geister werden nur zum Schein und als Schmuck der Wände hingestellt.

10. Ich setze nun den Fall, du seist in eine schwierige Lage geraten, das Geschick habe dir unvermerkt im öffentlichen oder im Privatleben eine Schlinge gelegt, die du weder auflösen noch zerreißen kannst; bedenke, daß Gefesselte allerdings anfangs die Lasten und Hemmnisse ihrer Füße unangenehm empfinden; später aber, wenn sie sich vorgenommen haben, die Sache zu dulden, anstatt darüber aufgebracht zu sein, lehrt die Not, sie mit Mut, die Gewohnheit, sie mit Leichtigkeit zu tragen. Bei jeder Lebensweise wirst du Erfreuliches und Vergnügliches zur Erholung finden, wenn du dir nicht selber lieber ein übles als ein beneidenswertes Leben machen willst. In nichts hat die Natur es besser mit uns gemeint, als daß sie, das Elend kennend, in das wir hineingeboren werden, uns als Linderungsmittel des Unglücks die Gewohnheit gab, die uns auch das Schwerste bald vertraut macht. Wenn das Unglück in seiner Fortdauer gleich stark wäre wie beim ersten Anprall, so würde es niemand aushalten. Alle Menschen sind an das Schicksal angekettet, nur haben die einen eine goldene und weite Kette, die andern eine enge und rostige. Aber was ist das für ein Unterschied? Die gleiche Gefangenschaft umgibt alle; diejenigen, die andere gefesselt haben, sind selber auch gefesselt; oder hältst du die Kette am linken Arm für leichter? Den einen fesseln Ehrenstellen, den andern Schätze. Die einen bedrückt ihre hohe, die andern ihre niedrige Geburt; manchen hängt fremde Herrschaft über dem Haupte, manchen die eigene; die einen hält die Verbannung immer an ein und demselben Orte, die andern eine Priesterpflicht. Jeder Mensch muß dienen. Man gewöhne sich an seine Lage und klage möglichst wenig darüber; was sie Angenehmes hat, das

halte man fest. Nichts ist so herb, daß nicht ein gelassenes Gemüt einen Trost fände. Ein kleines Stück Land hat schon oft durch die Kunst des Verteilers Platz für viele gewährt und einen Fußbreit bewohnbar gemacht. Fasse die Schwierigkeiten klug an. Hartes kann erweicht, Enges erweitert, Schweres erleichtert werden, wenn man es geschickt trägt. Den Begierden darf man den Zügel nicht schießen lassen, sondern muß sie kurzhalten: ganz unterdrücken kann man sie ja doch nicht. Was unmöglich oder zu schwer ist, muß man lassen und sich an das Nächstliegende halten, das man zu erreichen hoffen kann; übrigens darf man nie vergessen, daß alles gleich wertlos ist; von außen mag es verschieden gestaltet sein, innerlich ist alles eitel! Auch darf man Höherstehende nicht beneiden: wo eine große Höhe ist, ist auch eine jähe Tiefe.

Jene ihrerseits, die ein ungünstiges Geschick auf einen gefährlichen Platz gestellt hat, werden sicherer sein, wenn sie in einer Stellung, die zu Hochmut Anlaß gibt, allen Stolz abtun und ihr Schicksal möglichst in die Ebene herabverlegen. Es gibt zwar viele, die sich notwendig auf ihrer Höhe halten müssen, von der sie nicht herabkommen können, ohne zu stürzen, aber eben diese sollen das bezeugen, daß es für sie die größte Last sei, andern zur Last zu fallen und nicht frei in der Höhe schweben zu können, sondern auf die Höhe gebannt zu sein. Durch Gerechtigkeit, Freundlichkeit, milde Gesetzgebung und Wohltätigkeit mögen sie sich decken für kommenden Wechsel, und in Hoffnung auf diesen können sie dann ruhiger in der Höhe schweben. Nichts jedoch wird solche von den Schwankungen ihrer Seele besser befreien, als wenn sie selber ihrem Steigen ein festes Ziel setzen und das Ende nicht der Willkür des Schicksals überlassen, sondern noch weit vom äußersten Punkt haltmachen. Dann werden auch noch weiterhin Begierden den Geist reizen; da sie aber begrenzt sind, so wird er nicht ins Maßlose und Ungewisse gesteigert.

11. Diese meine bisherige Rede geht Unvollkommene, Mittelmäßige, Schwache an, nicht den Weisen. Dieser braucht nicht ängstlich Schritt vor Schritt zu wandeln; er hat so viel Selbstvertrauen, daß er nie Bedenken trägt, dem Schicksal entgegenzutreten, und nie vor ihm zurückweicht. Er braucht es in keiner Weise zu fürchten, weil er nicht nur Sklaven, Besitz und Ehrenstellen, sondern auch seinen Körper, die Augen, die Hand, alles, was das Leben wünschenswert macht, ja sich selbst zu den Dingen zählt, auf die man sich nicht verlassen kann. Er lebt, als wäre er nur sich selbst geliehen, und ist bereit, sich ohne Murren wieder herzugeben, wenn er abgerufen wird. Darum hält er sich nicht für geringer, weil er weiß, daß er nicht sich selbst angehört; er wird vielmehr alles so sorgfältig und umsichtig tun, wie ein gewissenhafter frommer Mensch anvertraute Güter zu bewahren pflegt. Hat er sie aber wieder zurückzugeben, so wird er sich nicht beim Schicksal beklagen, sondern wird sagen: Dank für das, was ich besaß und hatte; um schwere Pacht habe ich dein Eigentum benützt, du befiehlst: gern und willig und dankbar trete ich es wieder ab. Willst du mir noch etwas von dem Deinigen lassen, werde ich es noch behalten; beliebt es dir anders, so gebe ich dir alles zurück: verarbeitetes und geprägtes Silber, Haus und Gesinde. Fordert die Natur das zurück, was sie uns zuallererst geliehen hat, so werden wir auch in diesem Falle sagen: Nimm meinen Geist wieder hin, besser als du mir ihn gabst; ich fliehe nicht und weigere mich nicht; da hast du wieder, was du mir gabst, ohne daß ich es wußte; willig gebe ich es zurück, nimm es! Dahin zurückkehren, woher man kam, was ist daran Schweres? Schlecht lebt jeder, der nicht gut zu sterben weiß. Man darf das Leben nicht zu hoch anschlagen, man muß es unter die geringen Dinge rechnen. Wir nehmen es den Gladiatoren übel, sagt Cicero, wenn sie auf jede Weise ihr Leben zu erhalten suchen; zeigen sie, daß sie es geringschätzen, so gefallen sie uns. So ist es auch bei uns. Todesfurcht ist ja oft eine Todesursache. Das Schicksal, das mit uns spielt, sagt: wozu soll ich dich aufbewahren, du

feiges, zitterndes Geschöpf? Gerade weil du deinen Hals nicht darzubieten wagst, darum wirst du um so mehr Wunden und Schläge davontragen. Du anderer dagegen wirst nicht nur länger leben, sondern auch leichter sterben, der du den Hieb nicht mit zurückgezogenem Nacken oder mit abwehrenden Händen, sondern mutig mit der Waffe auffängst. Wer den Tod fürchtet, wird in seinem Leben nie etwas Rechtes leisten; wer aber bedenkt, daß der Tod ihm schon von Geburt an bestimmt war, der wird nach dieser Richtschnur leben und wird mit derselben Geistesstärke es dahin bringen, daß die Zukunft ihm nichts Unerwartetes bringt. Alles, was kommen kann, sieht er voraus, und damit schwächt er den Anprall aller Übel. Was denjenigen, die gefaßt und vorbereitet sind, nichts Neues ist, das erscheint den Sicheren schwer, die immer nur auf Glück hoffen. Tod, Gefangenschaft, Einsturz, Brand, nichts von alledem kommt ganz plötzlich. Ich wußte wohl, in welch sturmbewegte Behausung die Natur mich gebannt hatte; schon sehr oft erscholl ein Jammergeschrei in meiner Nachbarschaft; schon sehr oft hat man Fackeln und Wachskerzen jungen Leichen vorangetragen an meiner Schwelle vorüber; schon oft erscholl der dumpfe Donner eines einstürzenden Gebäudes; viele von denen, die mir auf dem Forum, in der Kurie, im geselligen Umgang verbunden waren, hat die Todesnacht hinweggerafft und die zum Freundschaftsbund verschlungenen Hände getrennt. Sollte ich mich wundern, wenn Gefahren, die mich immer umschwebten, einmal wirklich an mich herantreten? Viele Menschen denken nicht an den Sturm, wenn sie zur See gehen. Bei einer einwandfreien Sache nehme ich auch einen unsicheren Gewährsmann an. Publius, bedeutender als mancher Tragiker und Komiker, wenn er seine Mimenspäße und seine nur auf die Besucher der hintersten Plätze berechneten Worte wegläßt, sagt unter anderem, was für die Tragödie, nicht nur für die Komödie, passend wäre:

»Was *einen* treffen kann, kann jeden treffen.«

Wer sich das recht zu Herzen nimmt und jedes fremde Unglück, dessen es täglich eine große Menge gibt, so ansieht, als habe es auch zu ihm freien Zugang, der wird lange vorher gewappnet sein, ehe es ihn ereilt. Wenn man sich auf das Bestehen einer Gefahr erst rüstet, wenn sie schon da ist, dann ist es zu spät, »Ich hätte nicht geglaubt, daß das geschehen werde!« – »Nie hätte ich gedacht, daß es so kommen könnte!« – Warum denn nicht? Wo ist der Reichtum, dem nicht Armut, Hunger und der Bettelstab auf dem Fuße folgte? Wo das Ehrenamt, bei dem nicht der Purpur, die Ehrenkleider und der vornehme Schmuck auch von schmutziger Entehrung begleitet sein könnten, von Verbannung, Brandmarkung, tausendfachem Makel und äußerster Schmach? Wo ist ein Königreich, dem nicht Untergang und Zertrümmerung drohte, ein anderer Herr, ein Henker? Und die Zwischenräume sind oft ganz klein; zwischen dem Besitz des Thrones und dem Knien auf dem Boden ist vielleicht nur eine einzige Stunde. Bedenke daher, daß jeder Zustand wandelbar ist und daß, was irgendeinem zustößt, auch dir zustoßen kann. Du bist reich; reicher noch als Pompejus? Als diesem Gajus, ein alter Verwandter und neuer Gastfreund, des Kaisers Haus öffnete, um sein eigenes zu schließen, hatte er nicht einmal Wasser und Brot. Viele Flüsse besaß er einst, die auf seinen Besitztümern entsprangen und mündeten: jetzt mußte er um ein paar Tropfen Wassers betteln. Im Palast seines Verwandten verhungerte und verdurstete er, während ihm der Erbe ein öffentliches Leichenbegängnis bestimmte. – Du hast die höchsten Ehrenstellen bekleidet? So große, unverhoffte und umfassende etwa wie Sejanus? An demselben Tage, da ihn der Senat noch begleitet hatte, riß ihn das Volk in Stücke. Götter und Menschen hatten auf diesen Mann alle nur denkbaren Ehren gehäuft, und nicht so viel blieb von ihm übrig, daß der Henker noch etwas zu tun gehabt hätte. – Du bist ein König? Nicht auf Krösus will ich dich verweisen, der seinen Scheiterhaufen besteigen mußte, ihn aber auch wieder verlöschen sah und nicht nur sein Königtum überlebte, sondern sozusagen auch seinen Tod; nicht auf Jugurtha, der dem römischen Volke noch in demselben Jahre, in dem es ihn gefürchtet hatte, zum Schauspiel wurde. Den afrikanischen König Ptolemäus, den armenischen Mithridates haben wir unter den Wachen des Gajus gesehen; der eine wurde verbannt, der andere wünschte unter sicherem Schutze entlassen zu werden. Wenn du bei solchem Auf- und Abwogen des Geschicks nicht annimmst, daß alles, was geschehen kann, auch wirklich geschehen werde, so gibst du dem Unglück eine Gewalt über dich, die nur derjenige bricht, der vorausblickt. – Weiter wird zu beachten sein, daß wir uns nicht mit Unnötigem abmühen, das heißt, daß wir nicht Unerreichbares begehren oder etwas, das uns zu spät zu unserer großen Beschämung zeigt, wie nichtig unsere Wünsche waren; ich meine, daß die Arbeit nicht ohne Erfolg sei oder der Erfolg nicht der Mühe wert. Denn wenn das Unternehmen nicht gelingt oder wenn man sich des Erfolges schämen muß, so ist es betrübend. –

12. Auch das Umherrennen in Häusern, Theatern und auf öffentlichen Plätzen, wie es bei vielen Leuten üblich ist, muß eingeschränkt werden. Solche Menschen bieten sich zu allerlei Geschäften an und erwecken stets den Eindruck, als seien sie arg beschäftigt. Wenn sie ausgehen und man fragt sie: »Wohin? Was hast du vor?« so werden sie antworten: »Ich weiß es wahrhaftig nicht, aber ich werde diesen oder jenen sehen und irgendeine Beschäftigung finden.« Ohne bestimmten Plan laufen sie umher und suchen Geschäfte; sie tun nicht, was sie sich vorgenommen haben, sondern worauf sie gerade stoßen. Planlos und ohne Zweck ist ihr Laufen; sie gleichen den Ameisen, die im Gebüsch umherrennen und bald nach oben, bald nach unten eilen, ohne daß man weiß warum. Ein solches Leben führen die meisten Menschen, und mit Recht könnte man es wohl rastlose Untätigkeit nennen. Manche rennen, als brenne es; man hat ordentlich Mitleid mit ihnen; sie stürmen dahin, prallen auf die Begeg-

nenden und bringen sich und andere zu Fall; und dabei laufen sie nur, um irgend jemand einen Besuch zu machen, der ihnen ihre Höflichkeit nicht einmal erwidern wird; oder um die Leiche irgendeines unbekannten Menschen zu begleiten, oder um der Rechtssache eines Prozeßkrämers, der Verlobung einer verlobungssüchtigen Person beizuwohnen, oder sie gehen einer Sänfte nach, die sie stellenweise sogar tragen. Kommen sie dann heim, müde ohne alle Not, so schwören sie, sie wüßten eigentlich nicht, warum sie ausgegangen und wo sie gewesen seien; am folgenden Tage aber rennen sie doch wieder in derselben Weise herum. – Jede Arbeit muß irgendein Ziel, irgendeinen Zweck haben. Nicht Liebe zur Tätigkeit ist es, was sie umherjagt, wie wenn sie verrückt wären, es sind falsche Ideen und Vorstellungen. Ganz planlos wollen auch sie nicht schaffen; es treibt sie irgendein Scheinbild, dessen Nichtigkeit ihr unklarer Kopf nicht erkennt. So führen einen jeden, der auf seinen Ausgängen nur die Menge vermehrt, nichtige, wertlose Gründe in der Stadt umher; ohne daß er eigentlich etwas zu schaffen hat, rennt er schon am frühen Morgen fort, vergeblich klopft er an vielen Türen an und begrüßt nur den Türhüter. Viele empfangen ihn nicht; keinen aber trifft er schwerer zu Hause an als sich selbst. Eine Folge dieses Übels ist jenes ganz abscheuliche Laster, die Ohrenbläserei, das Ausforschen öffentlicher und geheimer Angelegenheiten, das Wissen von vielen Dingen, die man nicht ohne Gefahr sagen, ja nicht ohne Gefahr hören kann. Deswegen beginnt Demokritus also: Wer ruhig leben will, der treibe nicht vieles, weder privatim noch öffentlich – womit er nämlich Unnötiges meint. Denn wenn es wirklich nötig ist, so muß man nicht nur vieles, sondern unzähliges privatim und öffentlich betreiben. Wo uns aber keine ernste Pflicht ruft, da halte man sich zurück.

13. Wer nämlich viel betreibt, der gibt sich vielfach dem Schicksal in die Hand; dies soll man aber so wenig wie möglich herausfordern, dabei aber immer darüber nachden-

ken und sich nichts von seiner Zuverlässigkeit versprechen. Ich werde zur See gehen, wenn sich nichts Ungünstiges ereignet; ich werde Prätor werden, wenn sich mir nichts in den Weg stellt; mein Unternehmen wird mir gelingen, wenn nichts dazwischen kommt! So denkt der Weise, und deswegen, behaupte ich, kommt ihm nichts unerwartet. Von den menschlichen Zufällen nehmen wir ihn nicht aus, aber von den Irrtümern. Auch ihm geht nicht alles nach Wunsch, aber darauf war er gefaßt; vor allem aber rechnet er damit, es könne seinem Vorhaben sich etwas hindernd entgegenstellen. Jedenfalls trifft der Schmerz über einen vereitelten Wunsch uns dann weniger herb, wenn wir nicht ganz sicher mit Erfolg gerechnet haben.

14. Nachgiebig müssen wir uns aber auch darin zeigen, daß wir nicht zu starr an unsern Vorsätzen hängen; fügen wir uns in das, was uns das Geschick bringt, fürchten wir nicht die Veränderung eines Planes oder einer Lage; nur davor haben wir uns zu hüten, daß uns nicht der Leichtsinn erfasse, der größte Feind unserer Ruhe. Auch der Eigensinn ist naturgemäß mit Not und Plage verbunden, da ihm das Schicksal oftmals etwas entwindet, aber der Leichtsinn ist viel drückender, der sich nicht in festen Grenzen hält. Nichts ändern können und in nichts sich fügen, beides ist unserer Gemütsruhe nachteilig. Jedenfalls muß der Mensch von allem Äußeren sich frei machen und Einkehr halten bei sich selbst, sich vertrauen, an sich Freude haben, sein Eigenes wertachten, möglichst von Fremden sich zurückziehen, sich an sich selbst halten, Verluste nicht hoch anschlagen, auch an Widrigem die beste Seite herausfinden.

Als unser Zeno erfuhr, seine ganze Habe sei beim Schiffbruch im Meere versunken, sagte er: »Das Schicksal will, daß ich ungehinderter philosophiere.« Den Philosophen Theodorus bedrohte der Tyrann Lysimachus mit dem Tode, und zwar ohne Beerdigung. Da entgegnete dieser: »Du kannst haben, was dir gefällt; über die paar Tropfen Bluts kannst du verfügen; was die Beerdigung betrifft, so bist du töricht, wenn du meinst, es sei ein Unterschied, ob ich *auf* dem Boden verwese oder *in* ihm.« Als Kanus Julius, ein ganz hervorragender Mann, den man bewundern muß, obgleich er unserem Jahrhundert angehört, mit Gajus (Caligula) sich lange gestritten und dieser beim Fortgehen zu ihm sagte: »Schmeichle dir nicht mit einer törichten Hoffnung, ich habe Befehl zu deiner Hinrichtung gegeben«, erwiderte er: »Ich danke, gnädigster Fürst!« Ich bin nicht sicher, was er damit sagen wollte; verschiedenes ist denkbar. Wollte er damit einen Vorwurf aussprechen und zeigen, wie grausam eine Regierung sei, unter der der Tod eine Wohltat sei? Oder wollte er damit die damalige wahnsinnige Sitte geißeln, daß auch diejenigen sich bedankten, deren Kinder getötet und deren Güter weggenommen wurden? Oder hat er den Tod freudig begrüßt als Befreiung? Sei es, wie es sei! Jedenfalls war es ein großes Wort! Vielleicht möchte man sagen: »Daraufhin konnte Gajus gerade den Befehl geben, daß jener am Leben bleiben solle.« Aber das hatte Kanus nicht zu befürchten: es war bekannt, daß bei solchen Befehlen der Kaiser sein Wort nicht zurücknahm. – Du glaubst nicht, daß jener die zehn Tage bis zu seiner Hinrichtung ganz unbekümmert zubrachte? Allerdings ist es kaum glaublich, was jener Mann sprach und tat und wie ruhig er war. Er spielte Brett, als der Hauptmann, der den Zug der Verurteilten führte, auch ihn aufforderte, sich anzuschließen. Ruhig zählte er seine Steinchen und sagte zu seinem Partner: »Sage ja nicht nach meinem Tode, du habest gewonnen.« Und zum Hauptmann sich wendend, fügte er bei: »Du bist Zeuge, daß ich um eines voraus bin.« Wähnst du, es sei dem Kanus um den Gewinn des Brettspiels zu tun gewesen? Er meinte etwas anderes. Seine Freunde waren traurig darüber, daß sie einen solchen Mann verlieren sollten; er aber sprach: »Was seid ihr bekümmert? Ihr forschet, ob die Seele unsterblich sei: ich werde es gar bald erfahren.« So hörte er bis ans Ende nicht auf, die Wahrheit zu suchen, und machte seinen eigenen Tod zum Gegenstand der Forschung. Sein Philosoph begleitete ihn, und schon war man dem Hügel nahe, auf dem unserer Gottheit, dem Kaiser, das tägliche Opfer dargebracht wurde. Jener fragte ihn: »Was denkst du jetzt, mein Kanus, oder wie ist dir zumute?« – »Ich habe mir vorgenommen«, erwiderte Kanus, »in jenem allerkürzesten Augenblick zu beobachten, ob die Seele mit Bewußtsein aus dem Körper scheide.« Zugleich versprach er, wenn er etwas erforschen könne, so wolle er bei seinen Freunden herumgehen und ihnen über den Zustand der Seele Kunde geben. – Welch eine Ruhe mitten im Sturme! Welch ein Geist, des ewigen Lebens wert, der seinen Tod zur Feststellung der Wahrheit benutzt, der, im Begriff jenen letzten Schritt zu tun, die scheidende Seele erforscht und nicht nur bis zum Tode, sondern vom Tode selbst noch etwas lernt! Weiter hinaus hat niemand philosophiert. Aber nicht so schnell soll dieser große Mann, den man mit besonderem Nachdruck so nennen muß, uns dahingehen; wir übergeben dich dem Andenken der ganzen Nachwelt, ruhmwürdiges Haupt, du größtes Opfer unter den Mordtaten des Gajus! –

15. Aber es nützt nichts, nur die Ursachen der Traurigkeit im Privatleben zu entfernen, denn zuweilen erfaßt uns ein Haß gegen die ganze Menschheit. Man sieht eine Menge vom Glück begünstigter Schandtaten, man findet, daß Ehrlichkeit selten ist, Unschuld ein unbekanntes Ding, Treue kaum vorhanden, außer wo sie Vorteil bringt; dagegen zeigen sich die gleicherweise verhaßten Annehmlichkeiten und Nachteile der Wollust; der Ehrgeiz überschreitet so sehr alle Grenzen, daß er durch seine Schändlichkeit glänzt. Die Seele versinkt in Nacht; dunkel wird es, als ob die Tugenden, die man nicht hoffen und nicht haben darf, aus der Welt verschwunden wären. Deshalb muß man sich so stimmen, daß man alle Laster der Menge nicht als hassenswert, sondern als lächerlich betrachtet, und sich mehr den Demokritus zum Vorbild nehmen als den Heraclitus: dieser weinte, wenn er unter Menschen gegangen war, jener lachte; diesem erschien alles, was wir tun, als ein Elend, jenem als eine Posse. So muß man sich alles leichter machen und es leichten

Sinnes ertragen; besser ziemt es sich für uns, das Leben zu belachen, als es zu beweinen. Auch macht sich der Lachende verdienter um das Menschengeschlecht als der Weinende; jener hat doch noch einen Rest von guter Hoffnung, dieser beweint törichterweise das, an dessen Verbesserung er verzweifelt. Im Blick auf das Ganze ist doch derjenige größer, der des Lachens sich nicht enthalten kann, als der, den alles sogleich zu Tränen rührt, indem er in dem ganzen Lauf der Welt gar nichts für groß, für wichtig, ja auch nur für ernsthaft hält. Jeder vergegenwärtige sich, worüber wir im einzelnen froh oder traurig gestimmt sind, so wird er dem Bion recht geben, welcher sagte, unser ganzes Tun sei lauter Stückwerk, und unser Leben sei nicht ehrwürdiger und ernster und habe keinen größeren Wert als ein unausgeführter Gedanke. Das Beste aber ist, die Sitten des Volks und die Fehler der Menschen *gelassen* hinzunehmen und weder darüber zu lachen noch zu weinen. Denn über fremde Leiden sich betrüben, ist beständiges Elend; über fremde Leiden lachen, ziemt sich für einen edlen Menschen nicht. Es ist eine unnötige Höflichkeit, darüber zu weinen und ein betrübtes Gesicht zu machen, daß irgend jemand seine Tochter begräbt. – Auch bei deinen eigenen Leiden mußt du es dahin bringen, daß du dem Schmerz nur so weit nachgibst, als es vernünftig, nicht als es Mode ist. Viele vergießen nur dann Tränen, wenn die Leute es sehen; wenn sie niemand sieht, haben sie immer trockene Augen; sie meinen, es sei eine Schande, nicht zu weinen, wenn andere weinen. So ist der Übelstand eingewurzelt, von der Meinung der Leute sich abhängig zu machen, daß auch die allernatürlichsten Gefühle wie der Schmerz Gegenstand der Heuchelei werden. – Es gibt aber auch Fälle, wo Trauer und Betrübnis mehr am Platze sind, wenn nämlich wackere Männer elend endigen. Ein Sokrates muß im Gefängnis sterben, ein Rutilius in der Verbannung leben; Pompejus und Cicero mußten ihren Schutzbefohlenen den Nacken darbieten; Cato, der Tugend leibhaftiges Abbild, gibt sich und die Republik auf und stürzt sich in sein Schwert.

Das muß einem in der Tat wehe tun, daß das Schicksal oft so ungerecht lohnt; und was kann man für sich selber hoffen, wenn man sieht, daß es den Wackersten so übel geht? Was ist da also zu tun? Sieh einmal, wie ein jeder von den Genannten sein Geschick ertragen hat; waren sie tapfer, so suche auch ein solcher Mann zu werden; starben sie weibisch und feige, so hat die Welt an ihnen nichts verloren. Entweder sind sie es wert, daß du ihre Seelengröße preist, oder sie sind es nicht wert, daß man noch an ihre Feigheit denke. Was wäre schändlicher, als wenn der mutige Tod so großer Männer uns feige machte! Gepriesen sei tausendfach, wer des Preisens wert ist: »Je tapferer, desto glücklicher« wollen wir sagen. Entronnen bist du den Wechselfällen des Lebens, dem Neide, der Krankheit; du bist befreit aus dem Gefängnis; die Götter wollten nicht, daß schlimmes Geschick fürder dich plage, sondern daß du von der Macht und Willkür des Schicksals befreit seist. An diejenigen lege es seine Hand, die sich ihm entziehen wollen und die noch im Augenblick des Sterbens nach dem Leben schielen. Nie will ich jemand beweinen, er sterbe fröhlich oder weinend; der eine hat meine Tränen selbst getrocknet, der andere hat durch seine Tränen bewiesen, daß er der meinigen gar nicht wert ist. Soll ich den Herkules beweinen, weil er lebend sich verbrannte, oder den Rugulus, weil er von so vielen Nägeln durchbohrt wurde, oder den Cato, daß er seine Wunden mutig ertrug? Jene alle haben in einem kurzen Augenblick den Weg zur Ewigkeit gefunden; durch den Tod gelangten sie zur Unsterblichkeit.

Eine nicht geringe Quelle von Verdruß ist auch das, wenn man sich ängstlich verstellt und sich nicht gegen jedermann gibt, wie man ist; so ist das Leben vieler ein erheucheltes und auf den Schein berechnetes. Das beständige Achtgeben auf sich selbst ist eine Pein; man muß immer Angst haben, einmal anders erwischt zu werden, als man sich gewöhnlich gibt, und nie wird man frei von Besorgnis, weil man in jedem Blick ein Urteil liest. Es kann ja doch manches sich ereignen, das uns gegen unsern Willen ohne Schminke zeigt:

aber auch wenn dieses beständige Aufmerken auf sich selbst gelingt, ist ein solches Leben unter einer Maske weder angenehm noch sicher. Wieviel Angenehmes hat dagegen die einfache Natürlichkeit, die durch sich selbst schön ist und die Lebensweise nicht bemäntelt. Man läuft aber mit einem solchen Leben Gefahr, verachtet zu werden, wenn man so ganz offen gegen jedermann ist. Manche werden bald dessen überdrüssig, was sie genau kennen. Aber die Tugend kommt nicht in Gefahr, verachtet zu werden, wenn man sie näher betrachtet, und es ist besser, um seiner Ehrlichkeit willen gering geachtet zu werden, als unter fortwährender Heuchelei leiden. Doch alles mit Maß! Es ist ein großer Unterschied, ob man aufrichtig oder unbedachtsam lebt. Vielfach auch muß man sich auf sich selbst beschränken, denn der Umgang mit unähnlichen Menschen verdirbt wieder, was gut geworden war, weckt Leidenschaften auf und erzeugt neuen Schaden überall, wo in der Seele noch etwas schwach oder nicht heil ist. Einsamkeit und Gesellschaft müssen miteinander verbunden sein und abwechseln. Jene wird in uns die Sehnsucht nach Menschen erwecken, diese die Sehnsucht nach uns selbst; die eine wird die andere ergänzen; den Ekel an der Menge wird die Einsamkeit heilen, den Überdruß der Einsamkeit die Menge. Auch darf man den Geist nicht immer in gleicher Weise anspannen, sondern muß sich auch wieder heiteren Dingen hingeben. Sokrates errötete nicht, mit Knaben zu spielen, und Cato erholte sich beim Weine, wenn er von Staatsgeschäften ermüdet war. Scipio, der Krieger, der im Triumph einhergeschritten, bewegte sich nach dem Takte des Tanzes, nicht weichlich sich biegend, wie jetzt manche sogar im Gange tun, mehr als weibisch-weichlich, sondern wie jene Alten bei Spielen und Festen den Boden mit festem Männertritt stampften, was ihnen nicht zum Nachteile gereicht hätte, auch wenn ihre Feinde zugeschaut hätten. Man gönne dem Geiste Erholung; frischer und kräftiger wird er nach der Ruhe sich wieder erheben. Wie man fruchttragenden Äckern keine Gewalt antun darf, weil eine fortwährende Fruchtbarkeit sie rasch erschöpfen würde, so hemmt den Schwung des Geistes ununterbrochene Arbeit. Man bekommt wieder frische Kraft, wenn man ein wenig geruht und sich erholt hat. Aus der unaufhörlichen Arbeit entsteht eine gewisse Abspannung und Ermüdung. Spiel und Scherz haben eine natürliche Berechtigung, darum strebt der Mensch so begierig danach; ein zu häufiger Genuß aber raubt dem Geiste allen Ernst und alle Kraft. Auch der Schlaf ist zur Erholung nötig; würde man aber Tag und Nacht fortschlafen, so wäre er Tod. Es ist ein Unterschied zwischen Nachlassen und Ganzaufgeben. Die Gesetzgeber haben Festtage eingeführt, daß die Leute allgemein zur Fröhlichkeit gezwungen würden; damit schoben sie zwischen die Arbeiten eine notwendige Erholung ein. Manche großen Männer richteten sich jeden Monat bestimmte Feiertage ein; andere teilten jeden Tag zwischen Ruhe und Geschäften. So erinnern wir uns von Asinius Pollio, dem großen Redner, daß er über die zehnte Stunde sich durch nichts festhalten ließ; nicht einmal Briefe las er nach dieser Zeit mehr, daß ihm nicht neue Sorgen erwüchsen; dafür legte er aber auch in jenen zwei Stunden die Müdigkeit des ganzen Tages ab. Einige setzen am Mittag aus und verschieben auf die Stunden des Nachmittags leichtere Geschäfte. Unsere Vorfahren bestimmten, daß nach der zehnten Stunde im Senate kein neuer Vortrag gehalten werden dürfe. Der Soldat teilt seine Wachen ein, und für diejenigen, die von einer Expedition zurückkehren, ist die Nacht dienstfrei. Man muß auf sich Rücksicht nehmen und sich zuweilen Muße gestatten, die zur Nahrung und Stärkung des Geistes und der Seele dient; man muß auf Spaziergängen im Freien sich ergehen, daß der Geist unter offenem Himmel und in der frischen Luft sich stärke und hebe. Ein andermal wird eine Spazierfahrt, eine Reise, eine Ortsveränderung uns wieder neu beleben oder eine gemeinschaftliche Mahlzeit und ein etwas tieferer Trunk. Zuweilen darf es auch zu einem kleinen Rausch kommen, doch so, daß wir nur untertauchen, nicht daß er uns ersäufe. Das vertreibt die Grillen und Sorgen und rüttelt den Menschen ein wenig durcheinander, ist auch gegen manche Krankheiten und gegen Schwermut gut. Der Erfinder des Weines hat den Namen »Liber« (der Freie) erhalten, nicht wegen der Ungebundenheit der Zunge, sondern weil er die Seele befreit von der Knechtschaft der Sorgen und sie erhebt, belebt und kühner macht zu jedem Unternehmen. Aber wie bei der Freiheit, so ist auch bei dem Weine das Maßhalten nötig. Man sagt, auch Solon und Arkesilaos haben den Wein geliebt. Dem Cato hat man sogar mehrfach Trunkenheit vorgeworfen. Ehe aber dies dem Cato zum Vorwurfe gereichen kann, wird im Gegenteil durch ihn dieser Fehler geadelt. Aber oft darf es nicht geschehen, damit nicht eine üble Gewohnheit daraus entstehe; hie und da mag es gestattet sein, sich frei zu bewegen und ein wenig auszuschlagen, um die schwermütige Nüchternheit zu verscheuchen. Der griechische Dichter hat recht, der sagt: »Zuweilen ist es süß, zu tollen«, desgleichen Plato: »Vergebens klopft an die Pforten der Poesie, wer ganz nüchtern ist und sich im Zaum hält«, oder Aristoteles: »Jedem Genie ist eine Dosis Tollheit beigemischt.« Etwas Großes und über das Gewöhnliche Erhabenes kann nur ein begeisterter Mensch aussprechen. Nur wer das Gemeine und Alltägliche hinter sich läßt und in heiligem Schwunge sich höher hebt, nur der kann Größeres aussagen als eines anderen Sterblichen Mund. Nichts Erhabenes, Hohes wird erreicht, solange man ganz bei sich ist. Man muß von dem gewohnten Wege abgehen, sich aufschwingen, in die Zügel beißen, den, der leiten will, mit fortreißen und ihn dahin tragen, wohin er allein sich zu versteigen nicht gewagt hätte. –

Nun weißt du, lieber Serenus, was die Ruhe sichert, was sie wiederherstellt und was Fehlern, die sich einschleichen, Widerstand leistet. Bedenke aber, daß diese Lehren alle nicht genügen, wenn man sein schwaches Wesen beibehält, wenn man nicht mit beständiger, anhaltender Aufmerksamkeit um das schwankende Herz gleichsam immer die Runde macht. –

Vom glückseligen Leben

1. Glückselig leben will jedermann, lieber Bruder Gallio; aber was zu einem glückseligen Leben gehöre, das ist den meisten unklar oder verborgen. Und es ist nicht so leicht, zu einem glückseligen Leben zu gelangen: verfehlt man den Weg, so kommt man immer weiter davon ab, je rascher man darauf zugegangen ist; ist man auf dem entgegengesetzten Wege, so macht gerade die Eile die Entfernung immer größer. Deswegen muß man sich zuerst darüber klar werden, was man eigentlich erstrebe, sodann muß man sehen, auf welchem Wege man das Ziel am schnellsten erreiche. Schon auf dem Wege, wenn er der rechte ist, wird man bemerken, wie weit man täglich kommt, um wieviel man dem Ziele näher sei, zu dem ein natürliches Verlangen uns hintreibt. Solange man ohne festes und klares Ziel umherschweift ohne Führer, durch wirren Lärm und Lockstimmen bald dahin, bald dorthin gezogen, fließt das kurze Leben dahin unter lauter Irrtümern, auch wenn man Tag und Nacht um eine richtige Auffassung sich bemüht. Man entscheide sich daher, wo man hin will und auf welchem Wege, nicht ohne einen erfahrenen Führer, der unser Ziel genau kennt; denn hier ist es nicht ganz ebenso wie auf andern Reisen. Wenn man da auf seinem Wege bleibt und die Leute fragt, die dort wohnen, so kann man wohl kaum irregehen; hier aber täuscht gerade der gangbarste, meist betretene Weg am ehesten. Vor nichts also muß man sich mehr hüten, als daß man wie das Herdenvieh den Vorangehenden nachlaufe, indem man da geht, wo die Menge eben zu gehen pflegt, nicht da, wo man gehen sollte. Nichts verwickelt uns in größere Übel, als wenn wir uns nach dem Gerede der Leute richten und das für das beste halten, was mit großem Beifall angenommen wird – wovon man viele Beispiele hat –, wenn wir uns nicht nach der eigenen Vernunft richten, sondern nach Vorbildern. So entsteht eine Ansammlung von Menschen, von denen immer einer über

den andern stürzt. Wie es bei einem großen Gedränge geht, wenn das Volk sich drückt und ein Fallender wieder einen andern nachzieht, so daß die Vorderen den Nachfolgenden zum Verderben gereichen, so kann man es im ganzen Leben beobachten: niemand irrt für sich allein, sondern er ist auch Grund und Ursache des Irrens anderer. Es ist schädlich, an die Vorangehenden sich anzuschließen; und wie ein jeder lieber glauben als urteilen will, so wird besonders über das Leben niemals recht nachgedacht, sondern immer nur anderen geglaubt: es treibt und jagt uns ein immer von einem zum andern sich fortpflanzender Irrtum, und das Vorbild anderer stürzt uns ins Verderben. Wir können gerettet werden, wenn wir uns nur vom großen Haufen losmachen; so aber steht die Menge, des eigenen Übels Verteidiger, der Vernunft entgegen. Und so geht es wie bei den Komitien, wo sich diejenigen über die Wahl eines Prätors wundern, die selbst mitgeholfen haben, wenn der Wind der wandelbaren Volksgunst von einer andern Seite weht. Das eine Mal lobt man etwas, das andere Mal tadelt man es. So geht es bei jedem Urteilsspruch, den eine größere Menge fällt.

2. Wenn vom glückseligen Leben die Rede ist, darfst du nicht wie bei Abstimmungen zu mir sagen: »Hier ist offenbar die Mehrheit.« Das ist kein Beweis für die Wahrheit. Es steht mit der Menschheit nicht so gut, daß das Bessere der Mehrzahl gefiele: die Menge ist ein Beweis des Verkehrtesten! Wir müssen fragen, was das Beste sei, nicht was am meisten geschieht; was uns in den festen Besitz beständigen Glückes bringe, nicht was der Masse gefalle, die in Sachen der Wahrheit ein gar schlechtes Urteil hat. Zum Pöbel gehören aber nach meiner Ansicht sowohl Leute in der Chlamys (geringes Kleid) als solche, die Kronen tragen. Nicht auf die Farbe der Kleider sehe ich, mit denen man den Leib schmückt, nicht den Augen traue ich bei der Beurteilung eines Menschen; ich habe ein besseres und zuverlässigeres Licht, um Wahres von Falschem zu unterscheiden. Was der Geist wert sei, das finde der Geist auf! Wenn dieser je

Zeit gewinnt, sich zu erholen und bei sich selbst Einkehr zu halten, o wie wird er, von sich selbst gefoltert, sich die Wahrheit gestehen und sagen: was ich bisher getan, möchte ich lieber ungeschehen machen; wenn ich zurückdenke an meine Worte, beneide ich die Stummen; was ich wünschte, erscheint mir wie ein Fluch von Feinden; was ich fürchtete – gute Götter! wieviel besser war das, als was ich wünschte. Mit vielen stand ich in Feindschaft, und aus dem Hasse trat ich mit ihnen in Freundschaft – wenn es überhaupt unter Schlechten Freundschaft gibt; mir selbst aber bin ich noch kein wahrer Freund! Ich habe mir alle Mühe gegeben, mich aus der Menge herauszuheben und durch irgendein Talent mich bemerkbar zu machen: was tat ich anders, als daß ich mich Geschossen aussetzte und der Böswilligkeit zeigte, wo sie mich beißen könne. Siehst du diejenigen, die deine Beredsamkeit rühmen, die deinem Reichtum nachlaufen, die um deine Gunst buhlen, die deine Macht in den Himmel erheben? Sie alle sind Feinde oder, was fast dasselbe ist, können es werden. So viele Bewunderer, so viele Neider!

3. So will ich denn auf etwas erprobt Gutes ausgehen, was ich wirklich empfinde, nicht zur Schau trage. Das, was man anschaut, wovor man bewundernd stehenbleibt, was einer dem andern staunend zeigt, das glänzt von außen, inwendig ist es elend. Suchen wir etwas, das nicht nur gut scheint, sondern gehaltvoll ist und sich gleichbleibt und auf der Seite, die man nicht sieht, noch schöner ist. Das wollen wir aufsuchen; und es liegt nicht so weit ab, man kann es finden; wissen muß man nur, wo man hingreifen muß. Jetzt gehen wir wie in Finsternis am Nächstliegenden vorüber und rennen gerade gegen das an, was wir ersehnen. Aber, um dich nicht auf Umwege zu führen, will ich die Meinungen anderer übergehen, die aufzuzählen und zu widerlegen langweilig wäre, und dir gleich meine Ansicht kundtun. Dabei binde ich mich jedoch nicht an einen hervorragenden Stoiker, auch ich habe das Recht, meine eigene Ansicht zu haben. Vielleicht werde ich mich in dem einen Punkte einem

anschließen, weiterhin von einem andern verlangen, er solle mir seine Ansicht einzeln sagen; vielleicht auch, zuletzt nach meiner Meinung befragt, werde ich nichts von dem, was meine Vorgänger geurteilt haben, verwerfen, und nur sagen: »Weiter ist das meine Meinung.« Indes halte ich mich, worin alle Stoiker einig sind, an die Natur; von ihr nicht abweichen, nach ihrem Gesetz und Beispiel sich bilden, das ist Weisheit. Glücklich ist daher ein Leben, wenn es seiner Natur entspricht. Das kann aber nur erreicht werden, wenn der Geist fürs erste gesund ist und beständig gesund bleibt; sodann wenn er stark und tatkräftig ist, edel und geduldig, in die Zeit sich schickend, auf den Körper und dessen Bedürfnisse sorgsam, aber ohne Ängstlichkeit Bedacht nehmend, aufmerksam auf alles andere, was zum Leben gehört, ohne zu großen Wert auf irgendein einzelnes zu legen, die Gaben des Glücks benutzend, aber ohne ihr Sklave zu sein. Du siehst, auch wenn ich es nicht sagte, daß daraus eine beständige Gemütsruhe und Freiheit sich ergeben und daß alles verschwinden muß, was uns reizt oder schreckt. Denn statt der kleinlichen, flüchtigen, in ihrer Gemeinheit schädlichen sinnlichen Genüsse wird uns eine hohe, unangefochtene, sich gleichbleibende Freude zuteil: Friede und Eintracht im Herzen, Größe mit Sanftmut im Bunde. Denn alles unbändige Wesen ist ein Zeichen von Schwäche. –

4. Der Begriff des höchsten Gutes kann auch anders bestimmt werden, wobei der Gedanke derselbe bleibt, die Worte etwas anders lauten. Ein und dasselbe Heer kann bald weiter ausgebreitet, bald enger zusammengezogen, das Zentrum kann zurückgenommen, ein Halbkreis gebildet oder in gerader Linie aufgestellt werden: wie man auch aufstellen mag, seine Kraft ist immer dieselbe, desgleichen die Bereitwilligkeit, derselben Partei zu dienen: ebenso kann die Begriffsbestimmung des höchsten Gutes bald ausführlicher und umfassender, bald kürzer und gedrängter gegeben werden. Es ist ganz dasselbe, ob ich sage: »Das höchste Gut ist ein Sinn, der das Zufällige gering achtet und an der Tugend

seine Freude hat«, oder »eine unüberwindliche Kraft der Seele, Erfahrung, Ruhe im Handeln, verbunden mit viel Menschenliebe und Aufmerksamkeit gegen alle, mit denen man zusammenlebt«. Man kann auch so sagen: Glücklich ist derjenige, für den es kein Gut und kein Übel gibt, außer einem guten oder schlechten Herz, der das Edle ehrt, der an der Tugend den größten Schatz hat, den zufällige Dinge weder stolz machen noch daniederschlagen, der kein höheres Gut kennt als das, das er sich selbst geben kann, dessen wahre Wollust darin besteht, die Wollust geringzuachten. Willst du weitergehen, so kannst du das beliebig immer wieder anders ausdrücken. Was hinderte uns, zu sagen, ein glückliches Leben bestehe darin, daß der Geist frei und hochgesinnt sei, unerschrocken und fest, erhaben über Furcht und über Begierde, der nur *ein* Gut kennt, die Sittlichkeit, und nur *ein* Übel, die Unsittlichkeit, dem alles andere wertlos ist, nicht imstande, das glückselige Leben zu fördern oder es zu schmälern, und ohne Gewinn oder Schaden für das höchste Gut kommend oder scheidend. Wer einen solchen guten Grund in sich hat, den muß notwendig beständige Heiterkeit begleiten und eine hohe himmlische Freude, die sich ihres Eigentums freut und nichts Größeres wünscht, als was sie in sich hat. Wiegt so etwas nicht die kleinlichen, nichtswürdigen, vergänglichen Triebe des Körpers reichlich auf? Jeden Tag, den man dem Sinnengenuß frönt, muß man ja auch Schmerz erdulden.

5. Du siehst, welch schlimme und schädliche Knechtschaft der erduldet, den Sinnenlust und Schmerz, zwei schwankende und maßlose Gebieter, wechselweise beherrschen. Darum muß man sich durchringen zur Freiheit; diese aber erlangt man nur durch Gleichgültigkeit gegen das Schicksal. Daraus erwächst jenes unschätzbare Gut: die Ruhe und Erhabenheit einer Seele, die ihren festen Standpunkt gefunden hat, die frei von Furcht aus der Erkenntnis der Wahrheit eine hohe, bleibende Freude gewinnt, Freundlichkeit und Heiterkeit des Gemüts; an diesen Gütern wird sie eine

besondere Freude haben, weil sie gleichsam auf ihrem eigenen Boden gewachsen, nicht ihr nur zugefallen sind. Glücklich kann – weil ich nun doch schon einmal weitschweifig geworden bin – derjenige genannt werden, der, von der Vernunft geleitet, nichts mehr wünscht und nichts mehr fürchtet. Steine und Tiere sind zwar auch frei von Furcht und Traurigkeit; glücklich wird sie aber niemand nennen, weil ihnen das Bewußtsein des Glücks fehlt. Auf derselben Stufe stehen Menschen, die infolge von Stumpfsinn und Mangel an Selbstbewußtsein zum Vieh herabgesunken sind. Zwischen Vieh und Mensch ist in solchen Fällen kein Unterschied; dort ist gar keine Vernunft, hier eine verkehrte, die zu ihrem eigenen Schaden wirkt. Glücklich kann niemand genannt werden, der keinen Begriff von der Wahrheit hat; ein glückseliges Leben ist also dasjenige, das auf einem richtigen festen Urteil ruht und daran unveränderlich festhält. Dann ist die Seele rein und frei von allen Übeln, wenn sie nicht nur über Beschädigungen, sondern auch über kleinere Quälereien hinweggekommen ist, fest sich da behauptend, wo sie einmal steht, und ihren Platz verteidigend auch gegen zorniges Andrängen des Schicksals. Mag die Sinnenlust auf Weg und Steg das Gemüt umschmeicheln und alles aufbieten, uns teilweise oder ganz in Unruhe zu bringen, welcher Sterbliche wollte wohl, wenn noch eine Spur von menschlichem Wesen in ihm ist, Tag und Nacht gekitzelt werden, um dem Körper zu dienen und den Geist zu vernachlässigen?

6. »Aber auch die Seele«, sagt man, »will ihr Vergnügen haben.« Sie habe es und entscheide über Wohlleben und andere Genüsse des Körpers; sie fülle sich an mit allem, was die Sinne zu ergötzen pflegt; dann blicke sie zurück auf das, was vorüber ist; der schändlichen Lüste eingedenk, frohlocke sie über die früheren und freue sich im voraus der zukünftigen, sie ordne ihre Hoffnungen und schicke die Gedanken voraus zu dem, was kommen wird, während der Leib in der Gegenwart sich mästet: das gerade scheint mir

das traurigste zu sein, denn Schlechtes erwählen statt des Guten ist vollendeter Wahnsinn. Ohne gesunden Verstand ist niemand glücklich, und gesunden Verstand besitzt der nicht, der Schlechtes erstrebt statt des Guten. Glücklich ist daher, wer ein richtiges Urteil hat, glücklich, wer mit dem Bestehenden, es sei, wie es wolle, zufrieden ist und an die eigenen Verhältnisse sich gern gewöhnt hat; glücklich ist der, dessen ganze Lage von seiner Vernunft gutgeheißen werden kann. Auch diejenigen, welche die Sinnenlust für das höchste Gut erklären, erkennen, wie niedrig sie diese eingeschätzt haben; daher sagen sie, das Vergnügen könne von der Tugend nicht getrennt werden, man könne nicht tugendhaft leben, ohne angenehm zu leben, und nicht angenehm ohne Tugend. Ich begreife nicht, wie man so völlig Verschiedenes in eins zusammenwerfen kann. Warum soll denn, ich bitte euch, das Vergnügen von der Tugend sich nicht trennen lassen? Wohl deswegen, weil jedes Gut aus der Tugend entspringt? Allerdings entsteht aus diesen Wurzeln auch das, was ihr liebet und suchet. Wenn aber jenes unzertrennlich wäre, so würden wir nicht feststellen müssen, daß manches angenehm ist, aber nicht edel, anderes dagegen sehr edel, aber nur schwer und durch den Kampf erreichbar.

7. Bedenke ferner, daß auch bei dem schlechtesten Leben Sinnenlust sich einfindet, daß die Tugend aber ein schlechtes Leben gar nicht zuläßt, und daß manche unglücklich sind, nicht weil sie frei von Sinnenlust sind, sondern gerade wegen ihrer Begierden, was nicht möglich wäre, wenn die Sinnenlust sich ganz mit der Tugend verschmolzen hätte, die die Tugend zwar oft nicht hat, aber auch gar nie braucht. Warum stellet ihr Unähnliches, ja Entgegengesetztes zusammen? Die Tugend ist etwas Hohes, Erhabenes, Königliches, Unüberwindliches, Unermüdliches; das Vergnügen etwas Niedriges, Sklavisches, Schwaches, Hinfälliges, dessen Aufenthaltsort und Wohnung gemeine Häuser sind und Gartenküchen. Die Tugend dagegen findet man in Tempeln, auf

dem Forum, in der Kurie, in der Schlacht vor Mauern stehend, mit Staub bedeckt, gesunden, frischen Blutes, mit schwieligen Händen. Die Sinnenlust steckt öfters in Winkeln und sucht das Dunkel, streicht um Badehäuser und andre Orte umher, wo man den Aedil zu fürchten hat; sie ist weichlich, entnervt, von Wein und Salben triefend, bleich oder geschminkt, durch Arzneimittel verdorben. Das höchste Gut ist unsterblich, es kann nicht untergehen; es gibt dabei weder Übersättigung noch Reue, denn eine Gesinnung, die sich des richtigen Weges bewußt ist, ändert sich nicht, sie ist sich nie zuwider und ändert nichts, weil sie stets dem Besten nachgeht. Die Sinnenlust aber erstirbt gerade dann, wenn sie auf dem Gipfel ist. Sie hat nicht viel Spielraum, darum ist sie bald zu Ende; sie wird lahm, wenn das erste Feuer erloschen ist, und wird dann zum Ekel. Auch kann man sich nicht auf etwas verlassen, zu dessen Wesen die Unbeständigkeit gehört: was nur flüchtig vorübereilt und im Genusse schon dahinschwindet, kann nichts Wesentliches sein. Es hört bald auf, und kaum begonnen, drängt es schon wieder dem Ende zu.

8. Sinnliche Genüsse werden den Guten wie den Schlechten in gleicher Weise zuteil, und die Schändlichen erfreuen sich an ihren Schändlichkeiten ganz ebenso wie die Edlen an dem Anständigen. Darum gaben die Alten die Vorschrift, man solle nicht dem angenehmsten, sondern dem besten Leben nachstreben, so daß das Vergnügen nicht dem Rechten und Guten vorangeht, sondern es begleitet. Die Natur muß man zur Führerin nehmen; der Vernünftige beobachtet und befragt sie. Glückselig leben und naturgemäß leben ist ein und dasselbe. Was das heiße, will ich genauer erklären. Es heißt, die körperlichen Anlagen und Bedürfnisse der Natur sorgfältig, aber nicht ängstlich beachten als etwas Vorübergehendes, uns nur für kurze Zeit Gegebenes, nicht ihr Sklave werden und sich durch nichts Fremdes beherrschen lassen; was dem Körper angenehm ist und uns von außen

zukommt, ansehen wie Hilfsvölker im Lager und wie leichte Truppen. Sie mögen uns dienen, nicht uns beherrschen, nur so sind sie für unsern Geist von Wert. Äußerlichkeiten dürfen einen Mann nie gefangennehmen und beherrschen; er halte nur auf sich selbst etwas, vertraue nur dem eigenen Genius, baue sich sein Leben selber künstlerisch auf und sei stets auf alles gefaßt. Sein Selbstvertrauen sei nicht ohne Erkenntnis, seine Erkenntnis nicht ohne Beharrlichkeit; was er für recht hält, dabei bleibe er, und was er beschlossen hat, das stehe fest. Es ist selbstverständlich, daß ein solcher Mann in sich fest gegründet dasteht, menschenfreundlich und hochherzig in allem Tun. Gesunde Vernunft wird ihm innewohnen, von ihr wird er sich leiten lassen; er hat keinen andern Bestimmungsgrund und Antrieb zur Wahrheit und zur Einkehr bei sich selbst. So wirkt auch Gott, der die ganze Welt umfaßt und lenkt, in seinem ganzen Handeln wohl nach außen, kehrt aber doch immer wieder in sich zurück. Also tue auch unser Geist; wenn er den Sinnen folgend sich nach außen gewendet hat, so beherrsche er die Außendinge und sich selbst und mache sozusagen das höchste Gut sich unterwürfig. Auf solche Weise wird ihm eine in sich harmonische Macht eigen werden, und es wird daraus jene sichere Vernunft entstehen, die sich nicht widerspricht, die nicht schwankt in Meinungen, Begriffen oder eigener Überzeugung. Wenn diese sich geordnet hat, klar und harmonisch geworden ist, so erreicht sie das höchste Gut. Nichts Verkehrtes ist mehr da, nichts Unhaltbares, nichts, wobei man strauchelt oder wankt. Ein solcher Mensch tut alles von innen heraus, und nichts Unerwartetes widerfährt ihm; was er tut, wird wohl geraten, leicht und rasch und ohne Zögern. Denn Langsamkeit und Unentschlossenheit beweist, daß man noch mit sich kämpfe und schwanke. Somit kann man kühn sagen, daß ein mit sich selbst einiger Geist das höchste Gut sei. Denn wo Übereinstimmung und Einigkeit herrschen, da muß die Tugend sein; das Laster macht uneins.

9. »Aber auch du«, sagt vielleicht jemand, »befleißigst dich der Tugend doch wohl nur deswegen, weil du irgendein Vergnügen von ihr erhoffst.« Fürs erste: wenn die Tugend je ein Vergnügen gewähren wird, so folgt daraus noch nicht, daß man sie deswegen erstrebt; sie hat eben auch ein Vergnügen mit im Gefolge; man strebt nicht seinetwegen nach ihr, aber sie gewährt ein solches zugleich jedem, der nach ihr strebt. Wie auf einem Saatfeld auch etliche Blumen mit aufwachsen, ohne daß man diese das Auge ergötzenden Pflänzchen sorglich behandelt hätte – der Sämann bezweckte etwas anderes, diese kamen aber zusätzlich –, so ist auch das Vergnügen nicht der Lohn der Tugend, auch nicht der Beweggrund, sondern nur eine angenehme Zugabe; nicht darum hat man an ihr ein Wohlgefallen, weil sie Vergnügen schafft, sondern sie bringt Vergnügen, weil man Wohlgefallen an ihr hat. Das höchste Gut liegt im eigenen Bewußtsein und in einer edlen Seele; wenn diese ihre Bahn vollendet und sich in ihre Grenzen eingeschlossen hat, so ist das höchste Gut erreicht und sie wünscht nichts weiter. Denn über das Ganze hinaus gibt es nichts mehr, ebensowenig wie über das Ende hinaus. Darum ist schon die Frage verkehrt, weshalb ich die Tugend erstrebe, denn du fragst damit nach etwas, das über dem Höchsten steht. Du willst wissen, was ich von der Tugend begehre: sie selbst; sie hat nichts Besseres, sie ist ihr eigener Lohn. Oder ist das nicht herrlich genug? Wenn ich dir sage: das höchste Gut ist eine unerschütterliche Geisteskraft und Umsicht, Feinheit, Gesundheit, Freiheit, Harmonie und Schönheit der Seele, verlangst du dann noch mehr? Was sprichst du von Vergnügen? Ich rede vom höchsten Gut des Menschen, nicht des Bauches; was diesen betrifft, so ist das Vieh und das wilde Tier besser daran als wir.

10. »Du tust, als ob du nicht verständest, was ich sagen will. Ich behaupte, niemand könne angenehm leben, ohne zugleich tugendhaft zu leben; das kann ja aber bei den stummen Tieren nicht der Fall sein, ebensowenig bei Men-

schen, denen der Bauch ihr Gott ist. Klar und offen sage ich, daß man das Leben, welches ich ein angenehmes nenne, nicht erlangen könne ohne die Tugend.«

Schön. Aber wer weiß nicht, daß auch die törichtsten Menschen im vollsten Maße das genießen können, was ihr Vergnügen nennt, daß auch den Schlechten sehr viel Annehmlichkeiten beschert sind und daß die Seele selbst viele schlechte Arten von Vergnügungen veranlasse: Stolz und Selbstüberschätzung, Aufgeblasenheit, die sich über andere erhebt, blinde, unüberlegte Vorliebe für Eigenes, schlaffe Weichlichkeit, unmäßige Freude über Kindereien, Geschwätzigkeit, Hochmut, der an Verleumdungen seine Freude hat, Faulheit und abgespanntes, träges, schläfriges Wesen. Das alles verwirft die Tugend und nimmt dich am Ohr; sie prüft das Vergnügen, ehe sie es gestattet, und wenn sie es auch erlaubt, so legt sie keinen großen Wert darauf; sie verbietet es nur nicht; nicht der Genuß selbst, sondern das Maßhalten dabei macht ihr Freude; wenn aber die Mäßigung das Vergnügen vermindert; so begeht sie ja ein Unrecht an dem höchsten Gute. Du stürzest dich ins Vergnügen, ich dämpfe es; du genießest es, ich mache von ihm Gebrauch; du hältst es für das höchste Gut, ich halte es gar nicht für ein Gut; du tust alles um des Vergnügens willen, ich nichts. Wenn ich sage »ich«, so meine ich damit den Weisen, dem du doch allein wahres Vergnügen zuerkennst.

11. Denjenigen aber nenne ich keinen Weisen, der von irgend etwas, und nun vollends gar vom Vergnügen abhängig ist. Wenn dieses ihn beherrscht, wie wird er der Anstrengung, der Gefahr, der Armut und so manchen andern Schrecknissen widerstehen, die das Menschenleben umschwirren? Wie wird er den Anblick des Todes ertragen und den des Schmerzes? Wie das Erbeben der Erde und das Toben so vieler Feinde, wenn so ein schwacher Gegner ihn wirft? Was das Vergnügen ihm anraten wird, das wird er tun. Und wieviel wird es von ihm verlangen. »Es wird«, sagst du, »nichts Unehrenhaftes von ihm verlangen, weil es

mit der Tugend verbunden ist.« Siehst du da nicht wiederum, was das für ein »höchstes Gut« sei, das einen Wächter braucht, um überhaupt ein Gut zu sein? Wie kann aber die Tugend eine Herrschaft über das Vergnügen ausüben, wenn sie ihm nachgeht? Denn das Nachgehen ist Sache dessen, der gehorcht, das Lenken Sache dessen, der befiehlt; ihr stellt ja das, was befehlen soll, hinten hin! Ein treffliches Amt hat bei euch die Tugend, das Vergnügen vorher gleichsam auf seinen Geschmack zu prüfen! Doch wir wollen sehen, ob sich die Tugend überhaupt da noch findet, wo man sie so schmählich behandelt; hat sie ihre Stelle verloren, so kann sie auch den Namen nicht mehr führen. Ich will dir, und darauf kommt es ja eigentlich an, viele zeigen, die mitten im Vergnügen drinsitzen, über die das Glück ein ganzes Füllhorn ausgegossen hat, und von denen du gestehen mußt, daß sie schlechte Menschen seien. Sieh einen Nomentanus und Apicius an, die der Länder und Meere Güter, wie sie es nennen, für ihre Tafel plündern und Tiere aller Zonen genießen. Sieh, wie sie auf ihrem Rosenlager warten, bis es Zeit ist für die Garküche, wie sie ihr Ohr weiden an Gesängen, ihr Auge an Schauspielen, ihren Gaumen an wohlschmeckenden Dingen. Mit weichlichen Wärmemitteln wird über den ganzen Leib ein Reiz verbreitet, und damit auch für die Nase gesorgt sei, wird selbst jener Ort, wo man der Üppigkeit opfert, mit allerlei Wohlgerüchen angefüllt. Von diesen mußt du doch sicherlich sagen, sie leben im Vergnügen, aber recht wohl kann es ihnen doch nicht sein, weil das, dessen sie sich freuen, kein wahres Gut ist.

12. »Schlecht wird es ihnen sein«, erwidert man, »weil manches dazwischenkommt, das den Geist verwirrt, und weil widersprechende Gedanken sie beunruhigen.« Das gebe ich zu; aber nichtsdestoweniger genießen jene Toren viel Vergnügen trotz des inneren Schwankens und der Reue, so daß man gestehen muß, sie seien von aller Beschwerde ebenso weit entfernt wie von der richtigen Gemütsverfas-

sung und (was bei solchen meistens der Fall ist) sie befinden sich in einem heiteren Wahnsinn und in lachender Tollheit. Das Vergnügen des Weisen dagegen bleibt in den Schranken, es ist bescheiden und fest, gedämpft und kaum merklich; es kommt, ohne daß man es holen müßte, und wird, obwohl es von selbst kommt, nicht mit besonderer Freude empfangen. Man nimmt es im Leben zwischendurch so mit, wie Spiel und Scherz unter dem Ernst. Man höre also doch auf, Dinge zu verknüpfen, die nicht zusammenpassen, und Tugend und Vergnügen zu verbinden, wodurch man nur den Schlechten schmeichelt. Es meint wohl so ein Vergnügungsjäger, immer wankend und taumelnd, weil er vergnügt lebe, lebe er auch tugendhaft; er hört ja, Vergnügen und Tugend gehören zusammen; so nennt er sein verkehrtes Treiben Weisheit und tut groß mit Dingen, die er geheimhalten sollte. Nicht auf Epikurs Rat leben sie in Schwelgerei, sondern, dem Laster ergeben, verbergen sie ihre Üppigkeit in dem Schoße der Philosophie und laufen dahin, wo sie Lobreden auf das Vergnügen hören können. Und sie fassen – das ist meine feste Überzeugung – nicht den ernsten, strengen Begriff, den Epikur mit dem Wort Vergnügen verbindet, sondern sie laufen nur dem Namen nach und suchen einen Patron und einen Deckmantel für ihr leichtsinniges Leben. So geht auch noch das einzige Gute, was in ihrem schlechten Leben zu finden war, verloren, nämlich die Scheu vor dem Sündigen. Denn jetzt *loben* sie, worüber sie sonst erröteten, und prahlen mit dem Laster. Darum kann auch die Jugend sich nicht aufraffen, weil das heillose liederliche Leben einen anständigen Namen bekommen hat.

13. Darum wirkt das Anpreisen des Vergnügens verderblich, weil die guten Lehren im Innern verborgen sind, das Verführerische aber offen zutage tritt. Ich bin der Ansicht (vielleicht hören meine Brüder aus der Stoa das nicht gern), daß Epikur das Reine und Rechte lehre, ja, wenn man seine Lehre genauer betrachtet, ist sie sogar sehr streng und fast

freudlos. Das Vergnügen läuft am Ende auf eine Kleinigkeit hinaus; die Richtschnur, die wir für die Tugend aufstellen, stellt er auf für seinen Begriff von »Vergnügen«. Er verlangt, es müsse der Natur untertan sein. Was aber der Natur genügt, ist für ein üppiges Leben zu wenig. Wie steht es nun? Jeder, der träge Ruhe und abwechselnde Genüsse des Gaumens und der Wollust »Glück« nennt, sucht für die schlechte Sache einen guten Gewährsmann; hat er den, so geht er, von dem einschmeichelnden Namen verlockt, dem Vergnügen nach, das er vorher im Sinne hatte, nicht dem, von dem man dort spricht, und hat er einmal die Ansicht gewonnen, seine Fehler stimmen zu jenen Lehren, so frönt er ihnen nicht schüchtern und im verborgenen, im Gegenteil, dann trägt er den Kopf noch hoch bei seinen Schwelgereien. Darum sage ich nicht, wie die meisten der Unsrigen, Epikurs Schule sei eine Lehrerin der Schändlichkeiten, wohl aber: sie steht in einem schlimmen Rufe, sie ist verschrien, aber mit Unrecht. Wer kann das wissen, wenn er nicht eingeweiht ist? Der Anschein gibt Anlaß zum Gerede und fordert auf zu schlimmen Erwartungen. Man wähle einen ehrbaren Namen und eine Aufschrift, die das Gemüt entflammt, die Laster zu verjagen, die sogleich entnerven, wenn sie Einlaß bekommen. Wer sich der Tugend weiht, zeigt edle Anlage und gewährt Hoffnung für die Zukunft; wer dem Vergnügen nachjagt, erscheint entnervt, heruntergekommen, unmännlich, der Schande nahe. Es müßte nur einer ihm den Unterschied der einzelnen Arten von Vergnügungen klarzumachen verstehen, daß er wüßte, welche in den Schranken des natürlichen Verlangens bleiben und welche jählings und ziellos dahinrasen, um so unersättlicher, je mehr man ihnen nachgibt. – Wohlan! Die Tugend gehe immer voran, dann ist der Weg sicher. Zuviel Vergnügen ist schädlich; bei der Tugend ist ein Zweifel gar nicht zu befürchten, weil sie ihrem Wesen nach maßvoll ist. Was seine eigene Größe nicht ertragen kann, ist kein Gut. –

14. Du bist von Natur aus ein vernunftbegabtes Wesen: was kann dir Besseres dargeboten werden als Vernunft? Und wenn dir jene Verbindung gefällt, wenn du in dieser Begleitung gerne einem glückseligen Leben entgegenwandelst, so gehe die Tugend voran, das Vergnügen sei der Begleiter und folge wie der Schatten dem Körper. Die Tugend, das Herrlichste, was es gibt, als Magd dem Vergnügen beigesellen, das kann nur eine keines hohen Gedankens fähige Seele tun. Immer gehe die Tugend voran und trage die Fahne; wir werden nichtsdestoweniger Vergnügen haben, aber wir werden es beherrschen und lenken; wir werden uns bitten lassen, aber nichts wird uns zwingen. Diejenigen aber, die das Vergnügen zur Hauptsache machen, haben weder das eine noch das andere: die Tugend verlieren sie, und das Vergnügen haben sie nicht, sondern das Vergnügen beherrscht sie, und entweder quält sie der Mangel daran oder sie ersticken am Überfluß. Sie sind elend, wenn sie es nicht haben, und doppelt elend, wenn sie es im Überfluß haben. Es geht ihnen wie den Schiffern in einem Meere voller Sandbänke: das eine Mal sitzen sie auf dem Trockenen, das andere Mal fahren sie auf hochgehenden Wogen dahin. Dahin kommt es aber, wenn man zuwenig Maß hält und blind ist in seiner Begierde; für den, der Schlechtes will statt des Guten, ist die Erreichung seiner Wünsche gefährlich. Wie wir auf wilde Tiere mit Anstrengung und mit Gefahr Jagd machen und wie ihr Besitz immer ein bedenkliches Ding ist, weil sie oft ihren Herrn zerfleischen, so stürzen gewöhnlich diejenigen, die große Vergnügungen erjagen, in großes Unheil: was sie fingen, fängt sie! Je mannigfaltiger und zahlreicher die Vergnügungen sind, desto mehr ist der ein Sklave, den der Pöbel glücklich nennt. Lasset uns das Bild noch ein wenig festhalten: Wie der Jäger, der das Lager des Wildes aufspürt und sich freut, »mit Schlingen zu fangen das Wild« und »mit Hunden zu umstellen das große Waldgebirge«, um ihre Spur zu verfolgen, alles hintansetzt und viele Geschäfte vernachlässigt, so vergißt auch der, der dem Vergnügen nachjagt, alles; selbst die

Freiheit achtet er gering und opfert sie dem Bauche. Er erkauft sich nicht das Vergnügen, sondern er verkauft sich diesem.

15. »Warum soll denn aber«, fragt man weiter, »Tugend und Vergnügen nicht eins sein und das höchste Gut darin bestehen, daß etwas zu gleicher Zeit anständig und angenehm sei?« Darum nicht, weil ein Teil der Tugend nur wieder etwas Tugendhaftes sein kann und weil das höchste Gut nicht vollkommen rein wäre, wenn es einen unedlen Bestandteil in sich hätte. Auch die Freude, die aus der Tugend entsteht, ist, obwohl etwas Gutes, kein Teil des absolut Guten, sowenig wie Fröhlichkeit und Ruhe, mögen diese auch aus den besten Ursachen entstehen. Es sind das zwar Güter, aber solche, die eine Folge des höchsten Gutes sind, nicht die sein Wesen ausmachen. Wer Vergnügen und Tugend zusammenwirft, und nicht einmal zu gleichen Teilen, der schwächt mit der Zerbrechlichkeit des einen Gutes die Lebenskraft des andern ab und unterjocht die Freiheit, die nur dann ganz frei ist, wenn sie weiß, daß sie das Höchste und Wertvollste ist. Das Glück fängt nun an, zum Bedürfnis zu werden, und das ist die schlimmste Knechtschaft. Die Folge davon ist ein ängstliches, mißtrauisches, zaghaftes, allerlei Zufälle und schlimme Wechsel des Geschicks fürchtendes Leben. Die Tugend hat da kein festes unerschütterliches Fundament, sondern sie muß auf schwankem Boden ruhen. Was ist aber so wandelbar wie die Erwartung des Zufälligen und der Wechsel der körperlichen Zustände und der Dinge, die auf den Leib einwirken? Wie kann man da Gott gehorchen und alles, was geschieht, mit Seelenruhe und ohne Klagen über das Geschick hinnehmen, wie kann man sein Schicksal sich zum Besten auslegen, wenn man durch jede Einwirkung von Freude und von Leid erschüttert wird? Wer immer an das Vergnügen denkt, der kann auch kein tüchtiger Beschützer oder Verteidiger des Vaterlandes sein noch auch ein Kämpfer für seine Freunde. Darum muß das höchste Gut so hoch stehen, daß es durch

keine Macht beeinträchtigt werden kann, daß es unabhängig ist von Schmerz, Furcht und Hoffnung oder von irgend etwas, wodurch das Recht des höchsten Gutes angefochten würde. So hoch kann aber nur die Tugend steigen; mit ihr allein erreicht man eine solche Höhe; sie wird feststehen und alles, was geschieht, nicht bloß erdulden, sondern sogar gern ertragen, indem sie in jeder Schwierigkeit ein Naturgesetz erkennt. Der Tugendhafte wird wie ein wackerer Soldat Wunden tragen, seine Narben zählen, von Geschossen durchbohrt den Feldherrn noch lieben, für den er fällt, folgend dem alten Spruch: »Gehorche der Gottheit!« Wer aber klagt und weint und seufzt, der freilich wird gezwungen, zu tun, was befohlen wird, und wird gegen seinen Willen dazu genötigt. Wie töricht aber ist es, sich lieber schleppen zu lassen, als freiwillig zu gehen. Wahrlich, ebenso ist es Torheit und Verkennung der eigenen Lage, sich über hartes Geschick zu betrüben oder sich zu wundern und mit Widerstreben zu tragen, was Gute und Böse gleichmäßig trifft: Krankheiten, Todesfälle, Gebrechen und was sonst Widriges im Menschenleben sich ereignet. Was man nach den allgemeinen Gesetzen der Weltordnung zu erdulden hat, das erdulde man hochherzig. Darauf sind wir verpflichtet, zu tragen, was im Leben eines Sterblichen vorkommen mag, und uns nicht irremachen zu lassen durch etwas, was zu vermeiden nicht in unserer Macht steht. Wir sind in einem Königreiche geboren; Gott gehorchen, ist die wahre Freiheit.

16. Das wahre Glück besteht somit in der Tugend. Was wird dir diese für einen Rat geben? Du sollst nichts für ein Gut oder für ein Übel halten, was nicht Folge der Tugend oder der Schlechtigkeit ist, du sollst unerschütterlich fest bleiben, auch wenn Böses aus dem Guten entsteht, damit du Gott ähnlich werdest, soweit es möglich ist. Und was wird dir für diesen Kampf verheißen? Großes und Gottgleiches! Du wirst zu nichts gezwungen sein, du wirst niemand brauchen, du wirst frei sein, sicher, ungeschädigt; du wirst

nichts vergeblich unternehmen, in nichts gehindert sein. Alles wird dir nach Wunsch gehen, nichts Widriges dir begegnen, nichts unerwartet, nichts gegen deinen Willen. – »So ist also die Tugend hinreichend zu einem glückseligen Leben?« Nicht nur hinreichend ist die vollkommene und göttliche Tugend, sondern mehr noch. Denn was könnte dem fehlen, der über jeden Wunsch erhaben ist? Was braucht der von außen, der alle seine Schätze in sich hat? Dennoch aber braucht der, der nach Tugend strebt, auch wenn er schon weit fortgeschritten ist, noch einige Gunst des Geschicks, solange er noch den Kampf des Lebens kämpft, bis er einmal diesen Knoten löst und jedes Band der Sterblichkeit. Worin besteht also der Unterschied? Darin, daß die einen angebunden sind, die andern gefesselt, wieder andere in harte Bande geschlagen. Wer vorwärts strebend sich höher erhoben hat, hat eine weite Kette, ganz frei ist er noch nicht, aber beinahe.

17. Es möchte nun vielleicht einer von denen, welche die Philosophie anbellen, wie sie zu tun pflegen, sagen: »Warum bist du in Worten stärker als in Taten? Warum richtest du dich in deinen Worten nach Höhergestellten, schätzest das Geld hoch als ein notwendiges Ding, wirst erschüttert durch einen Verlust, weinst beim Tode deiner Gattin oder eines Freundes, kümmerst dich um deinen guten Ruf und lässest dich durch boshafte Reden betrüben? Warum ist dein Feld sorgfältiger angebaut, als das natürliche Bedürfnis es verlangt? Warum speisest du nicht so einfach, wie du lehrst? Warum hast du zierliches Hausgerät? Warum trinkt man bei dir einen Wein, der älter ist als du selbst? Warum ist dein Haus so wohl eingerichtet? Warum werden Bäume gepflanzt, die nichts geben als Schatten? Warum trägt deine Frau an den Ohren einen Schmuck, der ein ganzes Vermögen kostet? Warum ist deine Dienerschaft so kostbar gekleidet? Warum gilt bei dir das Aufwarten für eine Kunst? Wird dein Silber nur so nach Belieben hingestellt oder mit Sachkenntnis? Warum hast du einen besonderen Mann, der das

Fleisch zu zerlegen hat? Sage noch weiter, wenn es dir beliebt: Warum hast du überseeische Besitzungen, warum mehr, als du nur kennst? Du bist entweder zu deiner Schande so gleichgültig, daß du die geringe Anzahl deiner Sklaven nicht kennst, oder so verschwenderisch, daß du mehr hältst, als du im Gedächtnis behalten kannst!« – Ich will dich später bei deinem Tadel noch unterstützen und mir selbst Vorwürfe machen, mehr als du ahnst; für jetzt aber gebe ich dir zur Antwort: Ich bin kein Weiser und – daß ich dir vollends eine ganz schlimme Meinung von mir beibringe – ich werde wohl auch nie einer werden. Deswegen stelle ich an mich nicht die Anforderung, den Trefflichsten gleich zu sein, sondern nur besser zu sein als die Schlechten; es genügt mir, täglich etwas von meinen Fehlern abzulegen und mir immer wieder meine Verirrungen vorzuhalten. Ich habe es nicht zur vollen Gesundheit gebracht und werde es auch nicht dazu bringen; ich bereite mir keine Abhilfe für mein Podagra als vielmehr Linderungsmittel und bin zufrieden, wenn es seltener kommt und weniger heftig sticht. Mit eurem Fußwerk verglichen, bin ich ein gebrechlicher Läufer. (Ironisch! Andere Lesart: »Im Vergleich mit euch aber, ihr Schwachen, bin ich ein Läufer.«)

18. Nicht von mir ist die Rede; bei mir ist noch alles voll von Fehlern; ich spreche von einem, der schon etwas geleistet hat. »Deine Worte sind anders als dein Wandel«, hält man mir entgegen. Das ist ein Vorwurf, den man auch dem Plato, dem Epikur und Zeno gemacht hat, ihr bösartigen Menschen, die ihr selbst dem Besten feindlich gesinnt seid! Jene alle sagten nicht, wie sie selbst leben, sondern wie man leben solle. Von der Tugend rede ich, nicht von meiner Person; wenn ich auf Laster schelte, so denke ich in erster Linie an meine eigenen; wenn ich es vermag, lebe ich, wie ich sollte. Und jene Böswilligkeit, die giftgetränkte, soll mich vom Guten nicht abhalten. Auch jenes Gift, mit dem ihr andere bespritzt und euch selber tötet, soll mich nicht hindern, eine Lebensweise beharrlich zu loben, nicht wie ich

sie führe, sondern wie sie geführt werden soll, die Tugend zu verehren und ihr, so weit ich auch noch entfernt bin, mit unsicherem Schritte nachzugehen. Sollte ich annehmen, daß es für die Böswilligkeit irgend etwas Unantastbares gebe? Für sie war ja weder Rutilius heilig noch Cato. Warum sollten sie nicht jeden für zu reich halten, da ihnen der Kyniker Demetrius nicht arm genug war? Von diesem über die Maßen strengen Manne, der gegen alles kämpfte, was die Natur verlangt, und der darum ärmer war als die anderen Kyniker, weil er sich nicht nur nicht den Besitz, sondern nicht einmal einen Wunsch erlaubte, von diesem sagten sie, er sei für einen Weisen nicht arm genug. Und dabei ist er nicht nur ein Lehrer der Tugend, sondern auch der Armut gewesen.

19. Der Epikureer Diodor, der vor kurzem sich selber tötete, habe, so behauptet man, nicht nach Epikurs Lehre gehandelt, indem er sich die Kehle durchschnitt; die einen betrachten diese seine Tat als Wahnsinn, die andern als Unbesonnenheit. Er aber hat glückselig und mit völlig gutem Gewissen, indem er aus dem Leben schied, sich selbst ein Zeugnis gegeben und die Ruhe eines Lebens gepriesen, das in den Hafen eingelaufen ist und Anker geworfen hat. Höret ihr nicht gerne seine Worte und dünkt euch sein Tun nicht nachahmungswert?

»Nun, ich habe gelebt und die Bahn des Geschickes durchlaufen.«

Das eine Mal schwatzet ihr über das Leben, das andere Mal über den Tod eines Menschen, und den Namen großer, durch irgend etwas Lobenswertes ausgezeichneter Männer belfert ihr an wie kleine Hunde unbekannte Leute, die des Weges daherkommen. Denn das kommt euch zugute, wenn niemand für tüchtig erfunden wird, weil die Tüchtigkeit anderer ein Vorwurf für eure Erbärmlichkeit wäre. Neidisch vergleicht ihr das Glänzende mit euerm Schmutz und sehet nicht ein, wie sehr ihr euch damit schadet. Denn wenn selbst diejenigen, die der Tugend nachstreben, habsüchtig, wollüstig und ehrgeizig sind, was seid denn ihr, denen selbst der Name der Tugend verhaßt ist? Ihr sagt, es leiste doch keiner, was er mit Worten verspreche, und niemand lebe seinen Reden gemäß. Was Wunder, wenn die Reden so heldenhaft großartig und über alle Stürme des Menschenlebens erhaben sind, während sie streben, von dem Kreuze sich loszureißen, an das ein jeder sich selbst annagelt. Diejenigen, die hingerichtet werden, hängen doch nur an *einem* Pfahle; diejenigen aber, die sich selbst zur Strafe leben, hängen ausgespannt an so vielen Kreuzen, wie Leidenschaften in ihnen toben; und wenn es den Fehlern anderer gilt, wissen die Lästerer ganz trefflich zu reden. Ich möchte wohl annehmen, sie unterließen das, wenn nicht manche noch vom Galgen herab die Zuschauer anspuckten.

20. »Die Philosophen leisten das nicht, was sie sagen.« Doch leisten sie viel damit, daß sie es aussprechen, daß sie von der Sittlichkeit ein Ideal aufstellen. Würden sie jederzeit auch ihren Worten gemäß handeln, wer wäre glücklicher als sie? Indessen darf man treffliche Worte nicht geringachten noch ein Herz, das voll ist von trefflichen Gedanken. Die Beschäftigung mit nützlichen und fördernden Studien ist lobenswert, auch abgesehen von der Wirkung. Was Wunder, wenn Leute, die bedeutende Höhen zu ersteigen unternahmen, den Gipfel nicht ganz erreichten? Männer, die etwas Großes unternehmen, muß man hochachten, auch wenn sie zu Fall kommen. Es ist edel, wenn man, weniger auf die eigene Kraft vertrauend als auf die der menschlichen Natur überhaupt, an etwas Großes sich wagt, es unternimmt und sich im Geiste ein höheres Ziel setzt, als selbst die gewaltigsten Geister zu erreichen vermochten. Ein solcher macht sich zum Grundsatz: »Ich will mit derselben Miene dem Tode ins Auge schauen, mit der ich ihn auf der Bühne sehe. Mühseligkeiten, wie groß sie auch sein mögen, will ich mich unterziehen, und der Geist soll den Körper stützen. Reichtum, ob ich ihn habe oder nicht, will ich geringachten; liegt er anderswo, so soll es mich nicht niederschlagen,

schimmert er um mich her, so soll mich das nicht übermütig machen. Ob das Glück mir lächelt oder nicht, das soll mir gleichgültig sein. Alle Ländereien will ich ansehen, als gehörten sie mir; die meinigen, als seien sie Gemeingut. Ich will mir in meinem Leben bewußt bleiben, daß ich für andere zu leben habe, und will der Natur dafür dankbar sein. Denn wie konnte sie besser für mich sorgen? Mich, den einen, hat sie allen geschenkt; mir, dem einen, schenkte sie alle. Meinen Besitz will ich weder auf schmutzige Weise erhalten noch verschwenderisch hinauswerfen. Allen Besitz will ich ansehen als ein gütiges Geschenk. Nicht nach Zahlen und Summen will ich meine Wohltaten schätzen und stets nur nach dem Werte des Empfängers. Was ein Würdiger bekommen soll, sei mir nie zuviel. Nichts will ich der Meinung zuliebe tun, alles nach bestem Wissen und Gewissen. Was ich ganz im geheimen tue, will ich so tun, als wäre das ganze Volk mein Zeuge. Mit Essen und Trinken will ich aufhören, sobald das natürliche Bedürfnis gestillt ist; nicht daß der Bauch angefüllt und ausgeleert werde. Gegen Freunde will ich gefällig sein, gegen Feinde mild und nachgiebig; ich will gewähren, ehe ich gebeten werde; anständigen Bitten will ich entgegenkommen. Ich will nie vergessen, daß die ganze Welt mein Vaterland sei und die Götter ihre Vorsteher; daß diese über mir stehen, um mich seien und meine Taten und Worte beurteilen. Und sobald die Natur einmal meinen Geist zurückfordert oder ich ihn nach reiflicher Überlegung selbst zurückgebe, will ich den irdischen Schauplatz verlassen mit dem Zeugnis, daß ich ein gutes Gewissen geliebt habe und ein edles Streben, sowie daß durch mich keines Menschen Freiheit beeinträchtigt worden sei, am wenigsten meine eigene.«

21. Wer solches sich vornimmt, will, versucht, dessen Weg führt in den Himmel, und fürwahr, wenn er auch nicht immer auf diesem Wege bleibt,

»erlag er doch mächtigem Wagnis.«

Ihr freilich, die ihr die Tugend und ihre Verehrer hasset, ihr tut nichts Ungewöhnliches; kranke Augen scheuen ja auch das Sonnenlicht, und Nachttieren ist der helle Tag zuwider; bei seinen ersten Strahlen werden sie stutzig, suchen da und dort ihre Schlupfwinkel auf und verbergen sich lichtscheu in Spalten und Löchern. Klagt und übt eure schlimme Zunge an den Guten, schmäht sie, setzt ihnen zu, beißt nach ihnen; ihr werdet eure Zähne eher einbüßen als sie jenen eindrükken. – »Warum beschäftigt sich jener mit Philosophie und ist dabei ein reicher Mann? Warum lehrt er, man müsse irdische Güter geringachten, und besitzt sie doch? Das Leben soll man verachten, und doch lebt er; auch nach der Gesundheit soll man nicht viel fragen, und doch pflegt er sie sorgfältig und wünscht sich selber die beste. Die Verbannung nennt er ein leeres Wort und sagt: was ist denn das Schlimmes, in einer andern Gegend zu leben? Und doch bleibt er, wenn er darf, im Vaterland bis ins höchste Alter. Ferner sagt er, es sei kein Unterschied, ob man länger oder kürzer lebe, dehnt aber, wenn ihn nichts hindert, sein Leben möglichst aus und genießt sein Dasein noch ganz behaglich im hohen Alter.« Gewiß, aber er lehrt ja nur die Geringschätzung dieser Dinge; er sagt nicht, man dürfe sie gar nicht haben, sondern nur, man solle das Herz nicht daran hängen; er wirft sie nicht weg, sieht sie aber ruhig schwinden, wenn er sie verliert. Wo könnte das Geschick den Reichtum sicherer anlegen als bei einem Manne, von dem es ihn ohne Klage immer wieder zurückbekommen kann? Marcus Cato pries den Curius und Coruncanius und jene Zeit, wo wegen des Besitzes von einigen Silberstückchen der Zensor einschritt; er besaß aber selber vierzig Millionen Sesterzen; weniger zwar als Crassus, aber doch mehr als Cato Censorius. Vergleicht man, so übertraf sein Vermögen das seines Urgroßvaters um viel mehr, als der Besitz des Crassus den seinigen. Und wenn ihm noch größerer Reichtum zugefallen wäre, er hätte ihn auch nicht weggeworfen, denn der Weise hält sich keineswegs der Gaben des Glücks für unwert. Er liebt den Reichtum nicht, aber er zieht ihn immerhin vor; er nimmt ihn nicht in sein Herz auf, aber in sein Haus; er verschmäht ihn nicht, wenn er ihn hat, sondern hält ihn zusammen und hat es gerne, wenn seine Tugend auch über Mittel verfügen kann.

22. Zweifelsohne hat der Weise, wenn er Vermögen besitzt, mehr Mittel, seinen Geist zu entwickeln, als wenn er arm ist. Bei der Armut kann die Tugend sich nur darin zeigen, daß man sich nicht beugen und nicht niederdrücken läßt; beim Reichtum aber ist ein weites Feld eröffnet für Mäßigung, Freigebigkeit, Sorgfalt, Pracht und gute Verwendung. – Der Weise wird sich nicht verachten, auch wenn er ganz klein von Wuchs ist, doch wird ihm ein hoher Wuchs lieber sein; auch wenn er einen schwachen Körper hat und einäugig ist, kann er sich wohlbefinden, doch wird er körperliche Kraft vorziehen; dabei wird er nie vergessen, daß sein Inneres mehr Wert habe. Übelbefinden wird er ertragen, Wohlbefinden wird ihm lieber sein. Manches trägt doch zu einer beständigen Heiterkeit, die aus der Tugend entspringt, bei, wenn es auch an und für sich unbedeutend ist und weggenommen werden könnte ohne Verlust des Hauptgutes. Reichtum erfreut, wie bei der Schiffahrt ein günstiger fördernder Wind, wie ein schöner Tag und in frostiger Winterzeit ein sonniges Plätzchen. Welcher Weise, ich rede von den Unsrigen, die die Tugend für das einzige Gut halten, wird ferner in Abrede stellen, daß auch die Dinge, die wir belanglos nennen, doch einigen Wert haben, und daß die einen den andern vorzuziehen seien. Einige dieser Dinge werden bis zu einem gewissen Grade geehrt, andere sehr; zu letzteren gehört unstreitig der Reichtum. Du sagst, warum hältst du dich über mich auf, wenn ich ihm denselben Rang anweise wie du? Muß ich dir sagen, daß er bei mir nicht denselben Rang einnimmt? Mir entgeht mit dem Reichtum, wenn ich ihn verliere, nichts als er selbst; du aber wirst wie vom Donner gerührt und fast außer dir sein, wenn du ihn verlierst. Bei mir gilt der Reichtum nicht mehr als vieles andere, bei dir hat er den ersten Platz; ich besitze ihn, du wirst von ihm besessen.

23. Höre also auf, den Philosophen den Besitz des Geldes zu verbieten; niemand hat die Weisheit zur Armut verdammt. Ein Philosoph kann große Schätze haben, aber sie sind niemand genommen worden, sie sind nicht blutbefleckt, sie sind ohne Unrecht und schmutzigen Gewinn erworben, die Ausgabe ist so ehrenvoll wie die Einnahme, niemand seufzt darüber, außer etwa ein Mißgünstiger. Häufe sie beliebig an, sie sind rechtmäßig; manches davon möchte wohl jeder das Seine nennen, aber nichts könnte jemand als sein Eigentum bezeichnen. Die Freigebigkeit des Glücks wird der Weise nicht von sich fernhalten und eines rechtlich erhaltenen Erbguts sich weder rühmen noch sich schämen. Dessen aber wird er sich rühmen, daß er bei offenem Hause, wenn er die ganze Bürgerschaft vor seine Habe hintreten läßt, sagen kann: »Was einer als sein Eigentum erkennt, das nehme er weg!« Der ist mit Fug und Recht ein reicher, großer Mann, wenn der Erfolg ihn rechtfertigt, wenn er nach dieser Aufforderung keinen Heller weniger hat als vorher, wenn er ungefährdet dem Volk eine Prüfung und Untersuchung gestattete und niemand bei ihm etwas fand, worauf er die Hand legen konnte: kühn und offen vor aller Welt darf er reich sein. Der Weise läßt keinen ungerecht erworbenen Denar über seine Schwelle kommen, aber er wird auch große Schätze, Gaben des Glücks oder Früchte der Tugend, nicht verschmähen und ihnen den Zugang nicht verwehren. Warum sollte er ihnen einen guten Platz nicht gönnen? Sie mögen kommen und als Gäste da sein. Er wird weder mit ihnen prahlen noch sie verbergen; das eine wäre ein Zeichen von dummem Stolze, das andere ein Beweis von ängstlichem, kleinlichem Sinn, als hielte man ein großes Gut am Herzen. Aus dem Hause werfen wird er – wie wir den Reichtum – wie gesagt – nicht; da müßte er ja entweder sagen: »Du bist nichts nütze« oder: »Ich weiß Reichtum nicht zu gebrauchen.« Wie er lieber einen Wagen besteigt, wenn er auch einen Weg wohl zu Fuß zurücklegen könnte, so wird er auch gerne reich sein, wenn es möglich ist, und wird immerhin Schätze besitzen, aber unbeständige und

leicht wegfliegende Dinge werden sie ihm sein, und weder ihn selbst noch andere Menschen werden sie bedrücken dürfen. Schenken wird er – was spitzet ihr die Ohren und öffnet ihr die Taschen? – schenken wird er guten Menschen oder solchen, die er damit gut machen kann. Er wird dabei mit größter Überlegung die Würdigsten auswählen, bedenkend, daß man vom Geben wie vom Nehmen Rechenschaft muß ablegen können. Aus rechten und löblichen Beweggründen wird er geben, denn wenn man schändlich um das Seine kommt, so ist das übel geschenkt. Er wird offene Taschen haben, aber keine durchlöcherten; vieles wird aus ihnen herausgehen, nichts herausfallen.

24. Man irrt, wenn man meint, das Schenken sei so etwas Leichtes. Es hat sehr viel Schwierigkeit, wenn man mit Bedacht und Überlegung geben und nicht nach Zufall und Laune verschleudern will. Um den einen mache ich mich zuerst verdient, dem andern trage ich meinen Dank ab; den einen unterstütze ich, des andern erbarme ich mich; den einen steuere ich bei, weil er wert ist, daß ihn die Armut nicht herunterbringe und niederdrücke, andern gebe ich nichts, obwohl sie Mangel haben, weil sie doch nie aus dem Mangel herauskämen, auch wenn ich ihnen gäbe; manchen werde ich eine Unterstützung anbieten, einigen sogar aufdrängen. Ich kann in dieser Sache nicht gleichgültig sein; nie bekomme ich mehr Schuldner, als wenn ich schenke. »Wie«, sagt einer, »du schenkst in dem Gedanken, es wiedererstattet zu bekommen?« Nein, aber auch nicht, um es ganz zu verlieren. Mein Geschenk muß nicht zurückgegeben werden, soll aber wiedererstattet werden können. Eine Wohltat muß angelegt werden wie ein tief vergrabener Schatz, den man nicht hervorholt, außer im Falle der Not. Welch reiche Gelegenheit zum Wohltun hat das Haus eines reichen Mannes! Wer wollte denn die Freigebigkeit auf römische Bürger beschränken? Allen Menschen zu nützen befiehlt die Natur; ob es Sklaven seien oder Freie, Freigeborene oder Freigelassene, gesetzlich oder aus Freundschaft Freigewordene – das

bildet keinen Unterschied. Wo nur immer ein Mensch ist, da hat man Gelegenheit, Gutes zu tun. Der Besitzende kann sein Geld auch innerhalb der Schwelle hergeben und Freigebigkeit üben, die ihren Namen nicht davon hat, daß man sie Freien schuldig wäre, sondern weil sie einer freien Seele entstammt. Sie wird bei dem Weisen nie verschleudert an Schändliche und an Unwürdige und erschöpft sich nie so, daß sie nicht, so oft ein Würdiger kommt, voll überströmte. Legt daher nicht verkehrt aus, was diejenigen, die nach Weisheit streben, ehrlich, tapfer und mutig aussprechen, und bedenkt: nach Weisheit streben oder sie schon haben, ist zweierlei. Jener wird sagen: ich weiß ganz schön zu reden, stecke aber noch tief im Argen. Du darfst noch nicht verlangen, daß ich mein Ideal ganz darstelle, ich arbeite und bilde noch an mir und strebe nach einem hohen Urbilde; bin ich einmal so weit, als ich mir zu kommen vorgesetzt habe, dann kannst du verlangen, daß mein Tun den Worten entspreche. Wer aber die Summe des Menschenwertes erreicht hat, wird anders mit dir verhandeln und wird sagen: erstens solltest du dir nicht erlauben, über Bessere ein Urteil zu fällen; wenn ich den Schlechten mißfalle, ist es ein Beweis, daß ich das Rechte getroffen habe. Um dir aber Rechenschaft zu geben, was ich keinem Menschen verweigere, so höre, was für Begriffe ich von dem Wert der Dinge habe. Den Reichtum erkläre ich nicht für ein Gut; wäre er das, so müßte er die Menschen gut machen; weil nun aber das kein Gut ist, was auch die Schlechten haben, so kann er kein Gut genannt werden. Übrigens gebe ich zu, daß man Reichtum haben darf, daß er nützlich ist und daß er im Leben viele Vorteile gewährt.

25. Höret weiter, warum ich den Reichtum nicht für ein Gut halte und welcher Unterschied zwischen unserer Anschauung besteht, die wir beide zugeben, daß man ihn haben dürfe. Stelle mich in das reichste Haus, wo man Gold und Silber zu allerlei Gebrauch hat: ich werde mir nichts darauf einbilden, ist alles doch nicht in, sondern außer mir.

Bringe mich auf die »hölzerne Brücke« und stelle mich unter die Bettler: ich werde mich deswegen nicht verachten, weil ich nun unter Leuten sitze, die die Hand nach Almosen ausstrecken. Denn was liegt daran, kein Brot zu haben, wenn ich die Freiheit habe, aus dem Leben zu gehen, wann ich will? Indes ziehe ich das glänzende Haus der genannten Brücke vor. Umgib mich mit prachtvollem Gerät und den ausgesuchtesten, kostbarsten Gewändern: ich werde mich nicht für glücklich halten, wenn ich ein feines Gewand anhabe und wenn meine Gäste auf Purpur sich niederlassen können. Ich werde nicht unglücklicher sein, wenn mein müdes Haupt auf einem Heubündel ruht oder wenn ich auf einem Polster ruhe, wie man sie im Zirkus sieht, wo durch schlechte Nähte das eingestopfte Werg herausfällt. Wie nun? Lieber will ich meine Gesinnung zeigen in anständiger Kleidung von gutem Stoffe, als mit nackten oder nur halb bedeckten Schultern. Ginge es mir jeden Tag nach Wunsch und reihte sich ein Freudenfest an das andere: ich werde deswegen nicht selbstgefällig werden. Laß dagegen dieses günstige Geschick ins Gegenteil sich wandeln, laß mein Gemüt von diesem oder jenem Verluste, Trauer bedrückt sein, mag allerlei Widriges mir jede Stunde Stoff zu Klagen bringen, ich werde mich doch mitten im Elend nicht elend nennen und keinen Tag deswegen verfluchen; denn von meiner Seite ist gesorgt, daß kein Tag mir unheilbringend sein kann. Doch will ich mich lieber in der Freude mäßigen als den Schmerz bezwingen. So wird auch der berühmte Sokrates zu dir sagen: »Mache mich zum Sieger über alle Völker, der prächtige Wagen des Bacchus führe mich vom Aufgang der Sonne bis nach Theben. Perserkönige sollen von mir Recht und Gesetz verlangen: wenn man mich überall als Gott begrüßt, gerade dann werde ich es am lebhaftesten bedenken, daß ich ein Mensch bin.« – Zu dieser schwindelnden Höhe denke dir nun einen plötzlichen Wechsel: auf den Tragsessel eines andern gesetzt, bestimmt, den Triumph eines wilden, stolzen Siegers zu verherrlichen, werde ich nicht geringer sein auf dem fremden Wagen, als wenn ich auf dem meinigen stände, und doch will ich lieber der Sieger sein als der Gefangene. Das ganze Reich des Zufalls achte ich gering; wenn mir aber die Wahl gelassen wird, wähle ich etwas Günstiges. Was irgend an mich herankommt, das muß gut sein, doch das Leichtere, Angenehmere, Mühelosere ist mir lieber. Ohne Anstrengung ist zwar keine Tugend zu erlangen, doch die eine braucht eher den Sporn, die andere den Zügel. Wie der Körper, wenn es steil abwärts geht, angehalten, steil aufwärts aber angetrieben werden muß, so sind die einen Tugenden oben auf der Höhe, die andern unten. Ohne Zweifel wird die Seelenstärke, Beharrlichkeit und jede andere Tugend, die sich den Widerwärtigkeiten entgegenstellt und das Geschick bezwingen will, emporstreben, sich entgegenstemmen und kämpfen. Und ist nicht ebenso offenbar, daß Freigebigkeit, Mäßigung und Freundlichkeit mehr abwärts gerichtet sind? Denn hier muß man sich zurückhalten, um sich nicht zu überstürzen, dort ermuntert und spornt man sich an. Bei der Armut müssen wir daher die tatkräftigsten Tugenden anwenden, diejenigen, die im Kampfe wachsen; beim Reichtum dagegen die vorsichtigeren, die dem rüstigen Schritt und dem eigenen Gewicht Einhalt tun.

26. Da dieser Unterschied einmal besteht, will ich lieber die ruhigeren Tugenden ausüben als die, welche Blut und Schweiß kosten. Somit lebe ich nicht anders, als ich rede: ihr verstehet mich nur nicht recht. Der Schall der Worte dringt an euer Ohr; nach der Bedeutung fraget ihr nicht. Was ist also für ein Unterschied zwischen uns: beide wollen wir etwas haben, und doch soll ich ein Tor sein, du ein Weiser? Ein sehr großer! Bei dem Weisen nämlich ist der Reichtum der Diener, bei den Toren herrscht er; der Weise gestattet dem Reichtum nichts, euch der Reichtum alles. Ihr gewöhnet euch daran und hänget an ihm, als solltet ihr ihn ewig besitzen; der Weise denkt gerade dann am meisten an die Armut, wenn er rings umgeben ist von Reichtum. Nie traut ein Feldherr dem Frieden so sehr, daß er sich nicht auf Krieg

gefaßt hielte; wird auch jetzt gerade keiner geführt, kann er doch jederzeit losbrechen. Ein schönes Haus fesselt euch, als ob es nicht abbrennen oder einstürzen könnte; Schätze nehmen euren Sinn gefangen, als ob sie gar nicht in Gefahr kommen könnten und als ob das Geschick gar nicht mächtig genug wäre, sie zu vernichten. Untätig spielt ihr mit eurem Reichtum und sehet das Gefährliche dabei nicht. Es geht euch wie den Barbaren, die bei einer Belagerung den Arbeiten ruhig zuschauen, weil sie die Maschinen und deren Wirkung in die Ferne nicht kennen. Ihr träumt so dahin in eurem Besitz und bedenket nicht, wie mancher Unfall da und dort droht, der bald eine reiche Beute davontragen wird. Mag aber auch dem Weisen sein Reichtum gestohlen werden: sein wahres Eigentum muß ihm bleiben, sein Leben, froh in der Gegenwart, unbekümmert um die Zukunft. Ein Sokrates oder wer sonst wie er gegen menschliche Zufälle gewappnet und sein eigener Herr ist, kann sagen: »In nichts bin ich fester als darin, mein Leben nicht nach euren Meinungen einzurichten. Überschüttet mich von allen Seiten mit den gewohnten Reden: ich werde es nicht so ansehen, als scheltet ihr, sondern nur, als schreiet ihr wie Kinder im Elend.« So wird derjenige reden, dem die Weisheit zuteil geworden ist, den ein von Lastern freier Geist andere schelten heißt, nicht weil er sie haßt, sondern weil er sie bessern möchte. Er wird hinzusetzen: »Es ist mir um eure Achtung nicht um meinetwillen zu tun, sondern um euretwillen: die Tugend hassen und antasten, heißt alle Hoffnung vernichten. Mir könnt ihr nichts Übles antun, so wenig wie den Göttern Leute, die Altäre umstürzen; ihr zeigt nur euren bösen Plan und Willen, auch wo er kein Unheil stiften kann. Ich ertrage eure Faseleien, wie der gute, große Jupiter die Torheiten der Dichter erträgt, von denen der eine ihm Flügel angedichtet hat, der andere Hörner, der eine ihn als Ehebrecher und Nachtschwärmer darstellte, der andere als Tyrannen gegen Götter und Menschen, der eine als Verderber geraubter und dazu noch verwandter Freigeborener, der andere als Vatermörder und als Räuber des väterlichen und eines fremden Reiches. Das führte dazu, daß den Menschen die Scheu vor dem Sündigen verging, nachdem sie solche Dinge von den Göttern glaubten. Mir macht derartiges nichts aus; um euretwillen aber spreche ich die Mahnung aus: achtet die Tugend hoch! Glaubet denen, die ihr schon lange nachstreben und die euch sagen, sie sei etwas Großes, das zeige sich von Tag zu Tag immer mehr. Ehret sie selbst wie die Götter und ihre Jünger wie die Priester; so oft ihr heiliger Name ausgesprochen wird, sollt ihr ehrerbietig stillschweigen.« – Der Ausdruck »favete linguis« ist nicht, wie man sonst annimmt, auf Beifallsbezeigungen zu beziehen, sondern es wird damit Stillschweigen anbefohlen, damit das Opfer dargebracht werden könne, wie es sich gebührt, von keinem unheilvollen Worte unterbrochen.

27. Und noch viel notwendiger ist es, *euch* zu gebieten, achtsam und ganz still zu lauschen, sooft von jenem Orakel ein Spruch ausgeht. Wenn einer bei den Isisfesten die Klapper schüttelnd Lügen vorträgt, wie man es ihm anbefohlen hat, wenn einer, der im Tätowieren der Arme Meister ist, Arme und Schultern mit aufgehobener Hand blutig macht, wenn einer auf den Knien dahinkriechend ein Geheul erhebt und ein Greis, in Leinwand gekleidet, den Lorbeer trägt und eine Laterne am hellen Tage, mit dem Rufe, irgendein Gott sei erzürnt, da laufet ihr und horchet und, indem einer des andern Staunen vermehrt, versichert ihr, aus dem Mann rede die Gottheit. Sehet, von dem Kerker aus, den er durch seinen Eintritt gereinigt und zu höheren Ehren gebracht hat als jede Kurie, ruft euch Sokrates zu: „Was ist das für ein Wahnsinn, was ist das für ein Göttern und Menschen feindseliges Wesen, daß ihr die Tugenden verunehrt und an heiligen Dingen mit Lästerworten frevelt? Lobet die Rechtschaffenen, wenn ihr es vermöget; wo nicht, so geht vorüber. Gefällt es euch, eure häßliche Frechheit auszuüben, so greife einer den andern an, denn wenn ihr gegen den Himmel wütet, so will ich nicht sagen, ihr begeht eine Gotteslästerung, aber: ihr bemüht euch vergeblich. Ich gab einst dem

Aristophanes Stoff zu seinen Witzen, und die ganze Schar der mimischen Dichter hat ihre giftige Lauge über mich ergossen. Doch gerade durch diese Angriffe wird meine Tugend verherrlicht; es gereicht ihr zum Gewinn, ans Licht gestellt und geprüft zu werden, und niemand lernt ihren Wert besser kennen, als wer im Kampfe mit ihr seine Kraft erprobte." Wie hart der Kiesel sei, weiß der am besten, der ihn zu zerschlagen hat. Einem vereinzelten Felsen auf seichtem Meeresgrunde will ich gleichen, an den die empörten Wogen von allen Seiten anprallen, ohne ihn von seinem Platze zu bewegen oder durch jahrhundertelangen Ansturm zu vernichten. Stürmet an, machet einen Angriff; ich werde aushalten und siegen. Wer gegen unüberwindlich Festes anläuft, übt seine Kraft nur zum eigenen Schaden. Sehet euch lieber um nach einem weichen Stoff, der nachgibt, in den ihr eure Geschosse einbohren könnet! Und ihr wollt fremde Fehler aufsuchen und über irgend jemand zu Gericht sitzen? „Warum wohnt dieser Philosoph so geräumig, warum speist jener so gut?« An anderen sehet ihr jedes Hitzebläschen, während ihr selbst mit zahllosen Geschwüren bedeckt seid. Das kommt mir vor, wie wenn ein von schnöder Krätze abgezehrter Mensch sich lustig machen wollte über ein Muttermal oder ein Wärzchen an einem sonst tadellos schönen Körper. Werfet immerhin dem Plato vor, er habe nach Geld gestrebt, dem Aristoteles, er habe solches angenommen, dem Demokritus, er habe nichts danach gefragt, dem Epikur, er habe es vergeudet; mir selbst mögt ihr den Alkibiades und Phädrus zum Vorwurf machen. Wie glücklich wäret ihr, wenn es euch nur erst gelänge, unsere Fehler nachzuahmen! Sehet doch zuerst auf eure eigenen Gebrechen, die euch tausendfach anhaften, teils von außen stechend, teils innerlich brennend. Es steht im Menschenleben nicht so, wenn ihr auch euern Zustand verkennet, daß ihr Zeit genug hättet, eurer Zunge den Lauf zu lassen gegen Leute, die besser sind als ihr.

28. Das seht ihr nicht ein und nehmt eine Miene an, die zu eurer Lage gar nicht paßt, wie mancher ruhig im Zirkus oder im Theater sitzt, während ihn daheim schon eine Leiche erwartet oder ein anderer Unfall, der sich nicht angemeldet hat. Ich aber sehe von meiner Warte aus schon, wie ein Sturm bald die Wolken durchbricht und euch droht oder sich schon nähert, um euch und eure Habe zu verschlingen. Und treibt nicht auch jetzt, ohne daß ihr euch dessen gehörig bewußt seid, ein Wirbel euch im Kreise wirr herum, daß ihr das Nämliche zugleich fliehet und suchet und bald in die Höhe gehoben, bald in die Tiefe hinabgeschmettert werdet? ...

(Der fehlende Schluß ist nicht überliefert.)

Von der Vorsehung

1. Du hast die Frage an mich gerichtet, lieber Lucilius: Wenn doch die Welt von der Vorsehung geleitet wird, wie kommt es da, daß den Guten so viel Unheil widerfährt? Besser wohl würde diese Frage in einem zusammenhängenden Werke besprochen, in dem der Beweis geführt würde, daß die Vorsehung das ganze Weltall leite und daß die Gottheit Anteil an uns nehme. Weil du aber wünschest, daß ich von dem ganzen Stoff etwas einzelnes herausnehme und einen Widerspruch löse, ohne die anderen Streitfragen zu berühren, so will ich es unternehmen, die Gottheit zu verteidigen; es wird nicht schwer sein, das zu tun. Es ist überflüssig, hier zu zeigen, daß ein so großes Werk nicht ohne einen Lenker bestehen könne und daß der regelmäßige Gang der Gestirne nicht Folge eines zufälligen Anstoßes sei, da alles zufällig Bewegte oft in Unordnung gerät und leicht anstößt; daß dieser ununterbrochene schnelle Gang mit einer solchen Menge von Dingen zu Land und zur See, die vielen wohlgeordneten helleuchtenden Lichter nach einem ewigen Gesetze geordnet seien; daß ein regelloser Stoff sich nicht selber so ordnen könne; daß, was zufällig zusammengekommen, nicht so künstlich schweben könnte, daß die schwere Erdmasse unbeweglich festsäße und das Dahineilen des sich um sie drehenden Himmels betrachtete, daß die Meere, die sich in tiefere Stellen der Erde ergossen, die Länder befeuchten, ohne von den Flüssen einen Zuwachs zu verspüren, und daß aus dem kleinen Samen riesig Großes erwachse. Auch das, was regellos und ungewiß zu sein scheint, Regen, Wolken, das Einschlagen der Blitze, aus geborstenen Berggipfeln ausströmendes Feuer, Erschütterungen des wankenden Erdbodens und was irgend sonst auf der Erde sich in Aufruhr befindet, auch das erfolgt nicht ohne Gesetz, wenn es gleich unerwartet kommt. Es hat auch seine Ursachen, wie die Wunderdinge, die man an anderen Orten sieht, z. B. warme Quellen mitten in den Fluten und

neue Inselräume, die mitten aus dem weiten Meere auftauchen. Beobachtet man ferner, daß die Ufer, wenn das Meer sich zurückzieht, nackt daliegen und in kurzer Zeit wieder überflutet werden, wer wollte glauben, das sei ein blindes, zufälliges Hinundherrollen der Wogen, da diese doch gleichmäßig zunehmen und auf Tag und Stunde bald größer, bald kleiner werden, je nachdem der Mond auf sie einwirkt, nach dessen Einfluß der Ozean flutet. An seinem Orte wird davon die Rede sein, nicht hier; du zweifelst ja nicht an der Vorsehung im allgemeinen, aber du beklagst dich über sie. Ich will dich aussöhnen mit den Göttern, die gegen die Guten ganz wohlgesinnt sind. Das kommt überhaupt in der ganzen Natur nicht vor, daß jemals das Gute dem Guten schadet. Gott und gute Menschen sind durch das Band der Tugend freundschaftlich miteinander verbunden. Ja, mehr als Freundschaft besteht zwischen beiden: Verwandtschaft, Ähnlichkeit. Der Gute ist nur zeitlich von Gott verschieden; er ist sein Schüler, Nachahmer, echter Sohn; und er, der erhabene Vater, treibt ihn mit Ernst zur Tugend an und erzieht ihn etwas hart, nach strenger Väter Art. Siehst du, daß wackere, den Göttern angenehme Menschen sich abmühen müssen und im Schweiße ihres Angesichts emporklimmen, während Schlechte schwelgen und dem Genusse frönen, so denke, daß ja auch uns an unseren Söhnen gute Zucht erfreut, Mutwille nur an jungen Sklaven, daß jene durch strenge Zucht in der Ordnung gehalten werden, während man die Keckheit dieser gewähren läßt. Dieselbe Vorstellung mußt du dir von Gott machen: er verzärtelt den tüchtigen Mann nicht, er erprobt ihn, härtet ihn ab, bildet ihn, wie er ihn haben will.

2. Warum begegnet den Guten viel Widriges? Etwas Schlimmes kann einem tüchtigen Manne nicht begegnen. Gegensätze vermischen sich nicht. Wie die vielen Flüsse, die Regengüsse, die Heilquellen den Geschmack des Meeres nicht verändern, ja nicht einmal abschwächen, so ändert der Anprall widrigen Geschickes die Gesinnung eines tüchtigen

Mannes nicht. Er bleibt fest stehen, und was geschieht, verwendet er zu seinem Vorteil. Denn er ist mächtiger als alles, was von außen herankommt; ich sage nicht, er empfinde es gar nicht, aber er besiegt es; gegen alles, was auf ihn einstürmt, erhebt er sich; sonst ist er ruhig und friedlich. Alles Widrige betrachtet er als eine Übung. Wird nicht jeder Mann, der edel denkt, nach tüchtiger Arbeit sich sehnen und zu jeglichem Dienste bereit sein, auch wenn Gefahr damit verbunden ist? Ist nicht das Nichtstun jedem Tätigen eine Strafe? Die Athleten kämpfen, wie wir sehen, immer mit den Stärksten, um ihre Kräfte zu stählen, und verlangen von denen, die sie auf den Wettkampf einüben, daß diese alle ihre Kraft gegen sie anwenden; sie lassen sich hauen und quälen, und wenn sie nicht einzelne finden, die ihnen gewachsen sind, so stellen sie sich mehreren zugleich entgegen. Die Tugend erschlafft, wenn sie keinen Gegner hat. Aber wenn sie im Dulden ihre Kraft erprobt, dann zeigt sie in hellem Lichte, was sie kann und vermag. So dürfen auch tüchtige Leute das Harte und Schwere nicht scheuen und nicht über das Schicksal sich beklagen. Was auch komme, sie sollen es für gut ansehen oder zum Guten wenden. Nicht darauf kommt es an, *was* man trägt, sondern *wie* man es trägt. Siehst du nicht, wie die Zärtlichkeit eines Vaters anders ist als die einer Mutter? Der Vater hält die Kinder frühzeitig zur Arbeit an und läßt sie auch an Feiertagen nicht ganz unbeschäftigt; er preßt ihnen Schweiß, zuweilen sogar Tränen ab. Die Mutter dagegen will die Kinder im Schoße behalten und im Schatten, sie sollen nie weinen, nie betrübt sein, nie sich anstrengen. Gott nun ist gegen die Guten väterlich gesinnt und liebt sie wie ein strenger Vater; durch Anstrengung, Schmerz und Schaden sollen sie angestachelt werden und rechte Kraft erwerben. Wohlgepflegtes erschlafft in Untätigkeit und wird angegriffen schon durch Bewegung und die eigene Körperschwere, nicht bloß durch Anstrengung. Unangefochtenes Glück hält keinen einzigen Schlag aus; wer aber beständig mit Widrigem kämpfen muß, der bekommt allmählich durch die Schläge eine harte Haut und gibt keinem Übel nach; selbst wenn einer gestürzt ist, kämpft er noch kniend. Wunderst du dich, daß Gott, der die Guten sehr lieb hat und sie recht vorzüglich haben will, ihnen ein Los zuteilt, durch das sie geübt werden sollen? Mich wundert es nicht, daß es die Götter zuweilen gelüstet, große Männer im Kampf mit einem widrigen Schicksal zu schauen. Uns macht es ja auch manchmal Vergnügen, wenn ein Jüngling mit festem Mut ein anstürmendes wildes Tier mit dem Jagdspeer abfängt oder unerschrocken dem Angriff eines Löwen standhält, und der Anblick ist um so erwünschter, je ehrenvoller er seine Sache ausficht. Derartiges kann freilich den Blick der Götter nicht auf sich ziehen, es sind kindische Ergötzungen menschlichen Leichtsinns. Aber ein Schauspiel, wert, daß ein Gott, der auf seine Werke achtet, es betrachte, ist ein eines Gottes würdiges Kämpferpaar, ein Mann, der tapfer mit bösem Geschicke kämpft, zumal wenn er es herausgefordert hat. Nichts Schöneres kann Jupiter auf der Erde sehen, wenn er auf sie blicken will, als einen Cato, der, obwohl seine Partei mehrmals unterlag, fest und aufrecht dasteht, wenn auch alles daniederliegt. „Mag alles der Herrschaft eines einzigen sich unterwerfen, mögen die Länder von Legionen, die Meere von Flotten umzingelt sein, mögen Cäsars Truppen die Tore besetzt halten: Cato weiß einen Ausweg." Mit *einer* Hand kann er der Freiheit einen breiten Weg machen. Sein Schwert, auch im Bürgerkriege rein und makellos geblieben, wird endlich ein gutes, edles Werk vollbringen: die Freiheit, die es dem Vaterlande nicht erobern konnte, wird es dem Cato geben. Greife an, mein Geist, das Werk, an das du schon längst gedacht hast; reiße dich los von der Menschenwelt. Petrejus und Juba haben schon die Schwerter gegeneinander gezückt, und beide sind gefallen, jeder von des andern Hand getroffen. Ein mannhafter, herrlicher Todesbund; und doch will er für unsere Größe sich nicht schicken; für Cato ziemt es sich ebensowenig, jemand um den Tod zu bitten wie um das Leben. Gewiß haben die Götter es mit Freuden angesehen, wie dieser Mann, sein eigner strengster Rächer, noch für das Wohl der anderen sorgte, wie er den Flüchtigen den rechten Weg wies, wie er dann in tiefer Nacht noch las und hernach sich das Schwert in die treue Brust stieß, wie er sein Eingeweide herausnahm und seine fromme Seele, die das Schwert nicht berühren konnte, aushauchte. Darum traf wohl der Stoß nicht ganz tödlich: es genügte den Göttern nicht, den Cato *einmal* zu sehen; seine Mannhaftigkeit wurde zurückgehalten und zurückgerufen, um sich in einer noch schwierigeren Aufgabe zu bewähren. Denn es gehört mehr Heldenmut dazu, zweimal sich den Tod zu geben als einmal. Sollten sie ihren Zögling nicht mit Wohlgefallen sehen, der so herrlich und ruhmreich endete? Der Tod heiligt diejenigen, deren Ende selbst solche preisen, die sich davor fürchten.

3. Nun will ich aber im Verlauf der Rede zeigen, daß die Dinge, die man gewöhnlich für Übel ansieht, es in Wirklichkeit nicht sind. Was du schwer, widrig, verwünschenswert nennst, ist erstens denen selbst heilsam, denen es widerfährt, und zweitens dem Ganzen heilsam, für das die Götter mehr sorgen als für das einzelne. Ferner: es widerfährt ihnen nicht gegen ihren Willen; wollten sie es nicht, so verdienten sie, daß sie ein schlimmes Schicksal erleiden. Das Schicksal bringt es so mit sich, und es trifft die Guten mit Recht nach demselben Gesetze, nach dem sie gut sind. Endlich will ich dich überzeugen, du habest nie einen Rechtschaffenen zu bemitleiden, denn er ist nicht unglücklich, wenn man ihn auch dafür hält.

Am schwierigsten scheint meine erste Behauptung zu sein, daß das, was wir scheuen und fürchten, denen gut sei, denen es widerfährt. »Ihnen selbst ist es gut«, fragst du, »in die Verbannung geschickt zu werden, zu verarmen, Weib und Kinder zu verlieren, Schmach und Verlust zu erleiden?« Wenn du dich wunderst, daß das für jemand gut sein soll, wirst du dich auch wundern, daß manche durch Schneiden und Brennen geheilt werden oder auch durch Hunger und Durst. Denkst du daran, daß manchen zum Zwecke der Heilung Knochen herausgesägt werden, Adern zerstört,

Glieder abgenommen, die nicht bleiben konnten, ohne den ganzen Leib zu gefährden, so wirst du auch das begreiflich finden, daß manches Unangenehme denen zum Besten dient, die es trifft. Umgekehrt gereicht manches, was man wünscht und erstrebt, denen zum Nachteil, die ihre Lust daran hatten; so ist es, wenn man den Magen mit Speise und Trank überlädt und mit anderen Genüssen, die durch das Übermaß tödlich wirken. Unter vielen trefflichen Worten von unserem Demetrius tönt mir noch im Ohre, als hätte ich es eben gehört: »Niemand ist wohl unglücklicher als der, dem nie etwas Widriges begegnete: er konnte sich nicht erproben.« Wenn ihm auch alles gelang, wie er es wünschte oder noch ehe er es nur wünschte, so haben es die Götter doch nicht gut mit ihm gemeint; sie würdigten ihn nicht einmal, das Geschick zu besiegen, das gerade vor dem Feigsten sich zurückzieht, als wollte es sagen: »Was soll ich mir einen solchen Menschen zum Gegner nehmen? der wird ja sogleich die Waffen strecken; gegen diesen brauche ich nicht meine ganze Macht aufzubieten, eine leichte Drohung verjagt ihn; er kann meinen Anblick nicht aushalten. Ich will mich nach einem andern umsehen, mit dem ich kämpfen kann; ich müßte mich schämen, mit einem Menschen mich einzulassen, der sich so leicht besiegen läßt.« Der Gladiator hält es für eine Schande, mit einem Schwächeren zu kämpfen; er weiß, daß man keinen Ruhm erntet, wo keine Gefahr ist. So macht es auch das Schicksal; es sucht sich nur Starke aus, die ihm gewachsen sind; an andern geht es mitleidig vorüber. Die Kecksten und Festesten greift es an, um an ihnen seine Kraft zu zeigen. Mit Feuer stellt es den Mucius auf die Probe, mit Armut den Fabricius, mit Verbannung den Rutilius, mit Foltern den Regulus, mit Gift den Sokrates, mit dem Schwert den Cato. Beispiele von Größe finden wir nur im Unglück.

Ist Mucius unglücklich, weil er seine Rechte in das Feuer des Feindes hineinstößt und so sich selbst für seinen Irrtum bestraft? War das ein Unglück, daß er den König mit der verbrannten Hand in die Flucht jagte, weil er es mit bewaff-

neter Hand nicht vermochte? Wäre er glücklicher, wenn er
seine Hand am Busen einer Geliebten wärmte? – Ist Fabricius unglücklich, weil er, da der Staat seine Dienste nicht
braucht, sein Land umgräbt, weil er sowohl mit Pyrrhus als
mit Reichtümern Krieg führt, weil er, der greise Triumpha-
tor, an seinem Herde eben die Wurzeln und Kräuter speist,
die er auf dem Acker vorgefunden hat? Wäre er glücklicher,
wenn er seinen Leib mit Fischen ferner Küsten und mit
ausländischem Geflügel füllte? Wenn er mit Austern des
oberen und des unteren Meeres der Untätigkeit seines kranken Magens aufzuhelfen suchte? Wenn er das auserlesenste
Wildbret, das mit großer Mühe erlegt ward, mit der größten
Menge Obst umkränzte? Ist Rutilius unglücklich, weil seine
Richter von allen Jahrhunderten angeklagt werden? Weil er
ruhiger in die Verbannung ging als von dort zurückkehrte?
Weil er allein dem Diktator Sulla nicht den Willen tat und,
als man ihn zurückberief, nicht zurückkehrte, sondern wei-
terflüchtete? »Mögen diejenigen«, spricht er, »die du
Glücksmensch in Rom gelassen hast, die Blutströme auf
dem Forum sehen und an Servilischen See (dort werden ja
die von Sulla auf die Liste Gesetzten hingerichtet) die Häup-
ter der Senatoren und die Mörderscharen, die durch die
Stadt ziehen, und die vielen Tausende römischer Bürger, die
an *einem* Platze trotz eidlicher Zusage der Verschonung
dennoch niedergemacht wurden. Das mögen solche mitan-
sehen, die nicht in der Verbannung zu leben vermögen. Ist
Sulla glücklich, weil ihm, wenn er auf das Forum geht, mit
dem Schwerte Platz gemacht wird, weil er die Köpfe gewe-
sener Konsuln aufspießen läßt und das Geld für die Mordtaten durch den Quästor in öffentlicher Rechnung ausbezah-
len läßt? Und das alles tut der Mann, der das Cornelische
Gesetz gab!« – Ferner Regulus: was hat das Geschick ihm
für Nachteil gebracht? Hat es ihn nicht zu einem Vorbild
von Treue, zu einem Vorbild von Geduld gemacht? Nägel
durchbohrten ihn; wohin er den müden Leib wendete, lag er
auf einer Wunde und konnte kein Auge zutun. Aber je mehr
Qual, desto mehr Ruhm! Willst du erfahren, daß es ihn

nicht im mindesten reut, die Tugend um diesen Preis erkauft zu haben? Mache ihn wieder lebendig und schicke ihn in den Senat; er wird noch einmal ebenso sprechen. Hältst du den Mäcenas für glücklicher, den die Liebe plagte und der sich täglich über den Eigensinn einer launenhaften Gattin zu beklagen hatte? Er suchte den Schlaf unter den sanften Tönen entfernter Symphonien; aber ob er mit köstlichen Weinen sich betäubt und durch rauschendes Wasser sich einwiegen läßt und durch tausend Genüsse das arme Herz zu befriedigen sucht: er muß auf seinen Daunen ebenso wachen wie jener auf seiner Marterbank. Doch hat jener den Trost, er dulde Schweres um des Guten willen, und von seinem Leiden blickt er hin auf dessen Ursache; der andere aber, blasiert und krank an zuviel Glück, wird mehr von der Ursache seines Leidens gequält als von dem Leiden selbst. Die Laster haben es doch bei den Menschen noch nicht so weit gebracht, daß es zweifelhaft wäre, ob nicht viele, wenn man sein Geschick wählen dürfte, lieber die Rolle des Regulus als die des Mäcenas übernähmen. Wagte es einer, die Person des Mäcenas vorzuziehen, so gefiele einem solchen stillschweigend auch die Rolle der Terentia. Meinst du, es sei dem Sokrates übel gegangen, weil er den auf Staatsbefehl gemischten Trank als Arznei der Unsterblichkeit zu sich nahm und bis in den Tod hinein über den Tod sprach? Ist es ihm schlecht gegangen, daß sein Blut erstarrte und allmählich erkaltend die Lebenskraft der Adern stille stand? Wieviel mehr ist er doch zu beneiden im Vergleich mit Schlemmern und Trinkern, deren Wein in goldenem Gefäß mit Schnee gekühlt wird! Diese erbrechen sich unter Schmerzen und müssen ihre bittere Galle kosten, während jener seinen Giftbecher gern und freudig getrunken hat. – Über Cato habe ich mich schon oben ausgesprochen; daß ihm das höchste Glück zuteil geworden sei, wird allgemein anerkannt. Ihn hat sich die Natur, eine furchtbare Gegnerin, zum Kampfe auserlesen. Ist die Feindschaft der Machthaber etwas Schlimmes? So stelle er sich einem Pompejus, Cäsar, Crassus entgegen. Ist es schwer, Geringere bevorzugt zu sehen? So stehe er zurück hinter einem Vatinius. Ist es schwer, an Bürgerkriegen sich zu beteiligen? Er diene auf dem ganzen Erdkreis der guten Sache mit ebenso viel Unglück wie Beharrlichkeit. Ist es schwer, sich selbst zu töten? Er tue es! – Was will ich damit sagen? Jedermann soll wissen, das sei kein Übel, dessen ich einen Cato würdig erachte.

4. Das Glück kommt der Menge zu und geringen Geistern; ein großer Mann muß das, was die Menschheit fürchtet und was sie für ein Übel hält, bezwingen. Immer glücklich sein und ohne Schmerz durchs Leben gehen, heißt die andere Seite der Natur nicht kennen. Du bist ein großer Mann; gut, aber woher weiß man das, wenn das Schicksal dir keine Gelegenheit gibt, deine Tüchtigkeit zu erproben? Du trittst in den Olympischen Spielen auf; wohl, aber wenn du allein da bist, bekommst du vielleicht einen Kranz, Sieger bist du nicht. Ich wünsche dir Glück, nicht wegen deiner Tapferkeit, sondern wie einem, der das Konsulat oder die Prätur erhielt; du bist um eine Ehre reicher geworden. Ebenso kann ich zu einem wackeren Mann sagen, wenn ihm keine schwierige Aufgabe Gelegenheit darbot, seine geistige Kraft zu zeigen: »Ich halte dich für unglücklich, weil du nie Unglück hattest; du bist ohne Kampf durchs Leben gegangen; niemand weiß, was du hättest leisten können, nicht einmal du selbst.« Um sich selbst kennenzulernen, bedarf es der Proben; niemand weiß, was er kann, wenn er es nicht versucht. Darum haben manche den Übeln sich freiwillig entgegengestellt, wenn diese ausblieben, und haben für ihre Tüchtigkeit, die im Dunkel geblieben wäre, eine Gelegenheit gesucht, sich auszuzeichnen. Große Männer, behaupte ich, freuen sich zuweilen über widriges Geschick, wie tapfere Soldaten über einen Krieg. Ich hörte einmal einen Mirmillonen unter Kaiser Tiberius darüber klagen, daß es so wenig zu tun gebe: »Wieviel schöne Zeit«, sprach er, »geht verloren!« Die Tugend freut sich der Gefahr; sie denkt an das Ziel, nicht an das, was sie zu erdulden hat; das und was sie

zu leiden hat, ist ein Teil ihres Ruhms. Soldaten rühmen sich ihrer Wunden; fröhlich prahlen sie damit, wenn sie das Glück hatten, ihr Blut zu vergießen. Mögen diejenigen, die unverwundet aus der Schlacht zurückkehren, ebensoviel geleistet haben, der Verwundete wird doch mehr geachtet. Gott sorgt gerade für diejenigen, die er recht ehren will, indem er ihnen Gelegenheit gibt, eine kühne, tapfere Tat zu verrichten; und dazu gehören immer schwierige Verhältnisse. Den Steuermann lernt man im Sturme kennen, den Soldaten im Kampf. Wie kann ich wissen, wie mutig du die Armut ertragen würdest, wenn du mitten im Reichtum sitzest; oder wie fest du stehest gegen Schmach, Beschimpfung und Volkshaß, wenn du unter fortwährenden Beifallsbezeigungen alt wirst, wenn eine unbesiegbare Gunst dich begleitet, die jedermann dir geneigt macht? Woher weiß ich, ob du Kinderlosigkeit mit Gleichmut ertrügest, wenn alle, die dir geboren wurden, am Leben blieben? Ich hörte dich andere trösten; ich hätte aber auch sehen mögen, wie du dich selber tröstest und deinen eigenen Schmerz besiegst. Fürchtet doch, ich bitte euch sehr, das nicht, was die unsterblichen Götter uns als Antrieb für den Geist zuschicken. Mißgeschick ist eine Gelegenheit, Tüchtigkeit zu zeigen. Diejenigen muß man unglücklich nennen, die in zu großem Glück abgestumpft werden, die ruhige Untätigkeit wie in einer Windstille auf der See fesselt. Wenn ihnen dann etwas Schlimmes widerfährt, trifft es sie überraschend; schweres Geschick lastet härter auf denen, die es nicht gewohnt sind; das Joch liegt härter auf einem Nacken, der vorher nie eins trug. Der angehende Soldat erbleicht bei dem bloßen Gedanken an Verwundung; der erprobte Krieger blickt kühn auf das Blut hin, weil er weiß, daß Blutvergießen schon oft dem Siege vorangegangen ist. Seine Lieblinge erprobt Gott, härtet sie ab, prüft und übt sie; die anderen, die er nachsichtig zu verschonen scheint, spart er, weil sie noch zu weichlich sind, für spätere Kämpfe auf. Denn es wäre falsch, zu meinen, irgend jemand bleibe ganz frei von Leiden; auch der, der lange Zeit ganz glücklich war, bekommt einmal noch seinen Teil. Aufgeschoben ist nicht aufgehoben. Warum sucht Gott gerade die Wackersten heim mit Krankheit oder anderen Unannehmlichkeiten? Warum wird im Kriegslager gerade den Tapfersten das Gefährlichste aufgetragen? Der Feldherr schickt die Auserlesensten aus, um den Feind im nächtlichen Hinterhalt zu überfallen, um den Weg auszukundschaften, um eine Besatzung zu vertreiben. Niemand von diesen wird sagen: mit mir hat es der Feldherr nicht gut gemeint; im Gegenteil. So mögen auch diejenigen sprechen, die etwas erleiden müssen, wovor furchtsamen, feigen Seelen graut: Gott hat uns würdig erachtet, an uns zu erproben, was die menschliche Natur auszuhalten vermöge. Fliehet die Üppigkeit und das entnervende Glück, in dem die Geister erschlaffen und gleichsam trunken hintaumeln, wenn nicht etwas kommt, was sie wieder an das Menschenlos erinnert. Wen die Fensterscheiben immer vor jedem Lufthauche schützen, wessen Füße durch immer gewechselte Wärmemittel warm gehalten werden, wessen Speisezimmer durch verborgene Heizkörper stets wohl durchwärmt ist, für einen solchen wird jedes Lüftchen gefährlich. Alles, was das Maß überschreitet, ist gefährlich, so auch übermäßiges Glück. Es setzt das Gehirn in Bewegung, erzeugt im Geiste eitle Vorstellungen und ein zwischen Irrtum und Wahrheit schwankendes Dunkel. Ist es nicht besser, fortdauerndes Unglück zu ertragen, da ja dieses den Geist immer antreibt, sich zu wehren, als an endlosem und übermäßigem Glück zugrunde zu gehen? Ein mäßiger, nüchterner Mensch stirbt leicht; ein Fettwanst muß bersten. Die Götter behandeln tüchtige Menschen nach demselben Grundsatz, den bei ihren Schülern die Lehrer anwenden, die ja auch von denjenigen mehr verlangen, von denen sie wissen, daß sie viel leisten können. Glaubst du, die Lazedämonier haben ihre Kinder nicht liebgehabt, weil sie sie öffentlich schlagen ließen, um zu erproben, ob sie etwas taugen? Ihre Väter selbst ermunterten sie, die Peitschenhiebe standhaft auszuhalten, und forderten sie, wenn sie schon wund und müde waren, auf, sich den Schlägen aufs neue darzubieten. Was Wunder, daß Gott edle Geister in harte Zucht nimmt? An etwas Weichlichem erprobt sich die Tüchtigkeit nie. Schlägt uns das Schicksal blutig, wir wollen es ertragen; es geschieht nicht aus Grausamkeit, es ist ein Kampf; je öfter wir ihn bestehen müssen, desto stärker werden wir. Der Teil unseres Körpers ist der tüchtigste, den wir am fleißigsten brauchen und üben. Wir müssen uns dem Geschick entgegenstellen, um dadurch gegen Schicksalsschläge abgehärtet zu werden. Allmählich werden wir ihm gewachsen; schweben wir oft in Gefahr, so lernen wir die Gefahr geringachten. Der Seemann bekommt keine Seekrankheit, der Bauer hat eine harte Hand, der Soldat schleudert mit starkem Arm Wurfgeschosse, der Läufer hat geschmeidige Glieder. An jedem ist das am besten ausgebildet, was er geübt hat. Durch Dulden gelangt der Geist dazu, die Macht der Übel geringzuachten. Wie weit man es in dieser Beziehung bringen könne, das zeigt ein Blick auf die Leistungen armer tapferer Völkerschaften. Betrachte die Völker insgesamt, die nicht zu dem römischen Friedensreiche gehören, die Germanen und die Völker, die am Ister umherschweifen. Ein ewiger Winter, ein trüber Himmel lastet auf ihnen; ein unfruchtbarer Boden nährt sie kümmerlich; gegen Regengüsse schützen sie sich nur durch Stroh und Laub; über gefrorne Sümpfe laufen sie dahin und erjagen das Wild zu ihrer Nahrung. Sind sie wohl unglücklich? Was durch Gewohnheit zur andern Natur geworden ist, empfindet man nicht als beklagenswert; was man anfangs aus Not tat, das tut man hernach mit Lust. Sie haben keine Häuser und festen Wohnplätze; wo sie gerade müde sind, da lagern sie; ihre Nahrung ist gering, und sie müssen sie sich eigenhändig suchen; das Klima ist sehr ungünstig; der Leib kaum bedeckt; das scheint uns ein übler Zustand zu sein, aber so leben sehr viele Völker. – Wundere dich also nicht, daß tüchtige Menschen vom Schicksal hin- und hergestoßen werden, um fest zu werden; erst dann wurzelt ein Baum fest und wird stark, wenn ihn der Wind oft schüttelt; gerade dadurch nimmt er sich zusammen und senkt die Wurzeln tiefer in den Boden; was in einem sonnigen Tale aufwächst, wird nie so stark. Es ist also für tüchtige Menschen gerade gut, daß sie viel mit schwerem Geschick zu kämpfen haben, sie werden dadurch unerschrockener; mit Gleichmut ertragen sie Dinge, die nur für denjenigen ein Übel sind, der sie nicht gehörig zu ertragen versteht.

5. Ferner kommt es allen zugute, daß gerade die Besten sozusagen Kriegsdienste leisten und Beweise ihrer Tüchtigkeit geben müssen. Gott will, wie der Weise, zeigen, daß, was die Menge begehrt oder fürchtet, kein Gut und kein Übel sei. Teilt er nur Guten etwas zu, so muß das offenbar etwas Gutes sein, und umgekehrt: was er nur über schlechte Menschen verhängt, das muß ein Übel sein. Blindheit muß verwünscht sein, wenn niemand das Augenlicht verliert, als der das verdient; darum möge ein Appius und Metellus diese Wohltat entbehren. Reichtum ist kein Gut; darum mag ihn der Kuppler Elius haben, damit die Leute sehen, daß das Geld, obwohl man es in Tempeln weiht, auch in den schlechtesten Häusern sich finde. Durch nichts kann Gott Dinge, die man sich wünscht, mehr herabsetzen als dadurch, daß er sie den Besten entzieht und den Schlechtesten gibt. »Aber es ist doch nicht recht, daß ein tüchtiger Mann verstümmelt oder gekreuzigt oder gebunden werde, während die Schlechten mit heiler Haut, frei und prahlend einhergehen.« Dann ist es aber ebensowenig recht, daß tapfere Männer die Waffen nehmen, im Lager übernachten und mit verbundenen Wunden vor dem Walle stehen müssen, indes gemeine Wollüstlinge ruhig in der Stadt leben, oder daß die edelsten Jungfrauen nachts zum Dienst im Heiligtum aufgeweckt werden, indes Dirnen sich eines tiefen und ruhigen Schlafes erfreuen. Zur Arbeit werden die Tüchtigsten aufgeboten. Der Senat hat oft den ganzen Tag Sitzung, während gleichzeitig die geringsten Menschen entweder auf dem Marsfeld müßig stehen oder in einer Kneipe liegen oder die Zeit in irgendeiner Gesellschaft vergeuden. Ebenso geht es in dem großen Gemeinwesen: tüchtige Män-

ner mühen sich ab, bringen Opfer und werden selbst ein Opfer, und zwar freiwillig. Sie werden vom Geschick nicht gezwungen, sie folgen ihm und halten gleichen Schritt; hätten sie es gewußt, so wären sie ihm sogar zuvorgekommen. Da weiß ich wieder ein mutvolles Wort von unserm wackern Demetrius: »Nur darüber, ihr Unsterblichen«, sprach er, »kann ich mich bei euch beklagen, daß ihr mir euern Willen nicht zum voraus kundgetan habt; sonst wäre ich schon vorher zu dem bereit gewesen, wozu ihr mich nun gerufen habt. Wollt ihr mir meine Kinder nehmen? Ich habe sie für euch aufgezogen. Wollt ihr einen Teil meines Leibes? Nehmt ihn; ich gebe euch damit nicht viel, bald bekommt ihr ihn ganz. Wollt ihr mein Leben? Ich werde euch keine Schwierigkeiten bereiten, das zurückzufordern, was ihr mir gegeben habt; was ihr verlangt, gebe ich euch gerne; nur hätte ich es lieber angeboten, als auf Verlangen hergegeben. Wozu nehmen? Ihr konntet es freiwillig bekommen. Aber auch so nehmt ihr es nicht; genommen wird ja nur, was man festzuhalten sucht. Ich werde zu nichts gezwungen, ich erleide nichts gegen meinen Willen; ich diene Gott nicht sklavisch, ich bin mit ihm einverstanden, um so mehr, weil ich weiß, daß alles nach einem festen ewigen Gesetz geht.« – Das Schicksal führt uns, und die erste Stunde nach der Geburt entscheidet, was über jeden kommen soll. Eins hängt mit dem andern ursächlich zusammen; das Einzelne und das Ganze verbindet eine lange Folgenreihe. Darum muß man alles mutig ertragen, weil alles nicht, wie wir meinen, zufällig geschieht, sondern mit Notwendigkeit erfolgt. Schon lange steht fest, worüber du dich freuen und worüber du dich betrüben wirst, und obwohl das Leben des einzelnen von dem eines anderen sehr verschieden zu sein scheint, so kommt es doch in der Hauptsache auf eins hinaus: wir sind vergänglich und empfangen Vergängliches. Warum also klagen und unzufrieden sein? So ist es einmal geordnet. Mag die Natur mit unseren Körpern anfangen, was sie will, sie gehören ihr; wir bleiben immer heiter, und getrost denken wir, wir verlieren nichts, was uns gehörte. Was kommt einem tüchtigen Manne zu? Sich dem Geschick darzubieten. Es ist ein großer Trost, wenn man dahingerafft wird, daß es der ganzen Welt so geht. Was es auch sei, das uns unser Leben, unsern Tod vorschreibt, an dieselbe Notwendigkeit und dasselbe Naturgesetz wie wir sind auch die Götter gebunden. Ihnen, wie uns, ist eine unabänderliche Bahn vorgezeichnet. Der oberste Schöpfer und Lenker des Alls befolgt selbst die Gesetze, die er gegeben hat; einmal hat er befohlen, immer gehorcht er. »Warum aber war Gott so unbillig bei Austeilung der Lose, daß er Guten Armut, Krankheit und schweres Geschick zuerkannte?« Der Künstler kann den Stoff nicht ändern; darüber ist nichts mehr zu sagen. Manches läßt sich von manchem nicht absondern, es hängt zusammen und bildet ein unteilbares Ganzes.

Schläfrige Geister, matte, deren Wachen ein Schlummern ist, sind aus trägen Elementen zusammengesetzt; soll ein Mann im vollen Sinne des Wortes ins Leben treten, dazu bedarf es eines kräftigen Geschickes. Ein solcher wird keinen ebenen Weg haben: es wird bei ihm auf und ab gehen, er muß herumgeworfen werden, daß er sein Fahrzeug im Sturme lenken lerne: Er muß gegen die Strömung steuern; viel Hartes und Rauhes wird ihm begegnen, aber er wird es selber besänftigen und glätten. Feuer erprobt das Gold, die Not einen tüchtigen Mann. Sieh, wie hoch die Tugend steigen muß; sie wandelt keinen ebenen Pfad:

> »Steil ist des Weges Beginn, kaum erklimmen ihn morgens
> die Rosse
> Frisch gekräftigt, doch steiler noch ist er hoch oben am
> Himmel,
> Wo mir selbst, tief unten das Meer und die Lande zu
> schauen,
> Oftmals graut und das Herz erbebt in banger Besorgnis.
> Jäh ist des Weges End', und besonnener Lenkung bedarf
> es.

Tethys selbst, die unten in wogender Tiefe mich
aufnimmt,
Fürchtet oftmals für mich, ich möchte jählings
entstürzen.«
Als jener edle Jüngling dies vernommen, sagte er: »Der Weg
gefällt mir, ich will ihn befahren; es ist der Mühe wert, ihn
zu erklimmen, selbst auf die Gefahr hin, zu stürzen.« Aber
der Sonnengott fuhr fort, den Raschen abzuschrecken:
»Daß du den Weg einhaltest und nicht abschweifest in
Irrfahrt,
Mußt du vorbei an den Hörnern des feindlich dräuenden
Stieres,
An des Schützen Geschoß und dem Blick des grimmigen
Löwen.«
Darauf jener: »Spanne mir an den Wagen, den du mir
bewilligt hast; gerade das, womit du mich abzuschrecken
gedenkst, reizt mich; dort will ich stehen, wo selbst der
Sonnengott schwankt.« Der Träge und Niedrige liebt die
sichere Bahn; hoher Sinn strebt hoch.

6. »Warum läßt Gott rechtschaffenen Menschen etwas
Böses geschehen?« Er tut das nicht! Alles Böse hält er von
ihnen fern, Schande und Verbrechen, böse Gedanken und
habsüchtige Pläne, blinde Begierde und nach fremdem Gut
trachtenden Geiz; davor behütet er sie. Oder soll Gott auch
die Habseligkeiten der Guten behüten? Das erlassen sie ihm;
sie achten solche Dinge ja gering. Demokritus warf den
Reichtum von sich, weil er ihn für eine Bürde des edlen
Geistes hielt. Was Wunder, wenn Gott einem zuteil werden
läßt, was der Gute sich zuweilen selber wünscht! »Tugendhafte Menschen verlieren Kinder«; warum nicht? Einmal
sterben sie ja auch selbst. »Sie werden in die Verbannung
geschickt«; warum nicht? Einmal verlassen sie ja doch ihr
Vaterland, um es nie wiederzusehen. »Sie werden getötet«;
warum nicht? Sie töten sich ja zuweilen selbst. »Sie müssen
Schweres erdulden«, um andere das Dulden zu lehren; sie
sind zu Vorbildern geboren. Denke dir daher, Gott sage:

»Ihr, denen gefällt, was recht ist, worüber könnt ihr mir gegenüber klagen? Andere habe ich mit Scheingütern umgeben und habe die eitlen Menschen getäuscht wie mit einem langen trügerischen Traume; mit Gold, Silber und Elfenbein habe ich sie geschmückt, aber wahre Güter sind das nicht: in ihrem Herzen ist nichts Gutes zu finden. Sehet ihr diejenigen, die ihr für glücklich haltet, nicht von der Licht-, sondern von der Schattenseite an, so sind sie elend, schmutzig, schändlich und nur äußerlich übertüncht, wie ihre Wände. Das ist kein echtes, reines Glück; es ist nur ein leichter Firnis. Solange sie stehen und nach Gefallen sich zeigen können, glänzen sie und machen Eindruck; tritt etwas ein, was sie verwirrt und bloßstellt, dann kommt an den Tag, welch greulichen Schmutz in Wirklichkeit der äußere Glanz verdeckt hat.

Euch gab ich sichere, bleibende Güter; je mehr ihr euch damit beschäftigt und je genauer ihr sie betrachtet, desto besser und größer werdet ihr sie finden. Ich habe euch gelehrt, das zu verachten, was andere fürchten, die Lüste ekelhaft zu finden. Ihr glänzet nicht äußerlich; eure Güter sind inwendig. So läßt sich das Weltall an der Betrachtung der eigenen Schätze genügen und achtet der Außendinge nicht. In das Innere habe ich alles Gute gelegt; das Glück nicht brauchen, das ist euer Glück. ›Aber es ereignet sich viel Trauriges, Erschreckendes, schwer zu Ertragendes.‹ Weil ich euch davon nicht befreien konnte, darum habe ich euer Gemüt gegen alles gewappnet. Tragt es mutig! In diesem Punkte steht ihr noch höher als Gott. Er kann von gar keinem Übel angefaßt werden, ihr erduldet es siegreich. Verachtet die Armut; niemand lebt so arm, wie er geboren wurde. Verachtet den Schmerz; entweder geht er zu Ende oder es geht mit euch zu Ende. Verachtet das Geschick; ich habe ihm kein Geschoß gegeben, das euern Geist träfe. Verachtet den Tod; er endigt entweder alles oder er führt euch zu einem andern Leben. Ich habe vor allem dafür gesorgt, daß euch niemand gegen euern Willen zurückhalten kann: der Ausweg ist offen. Wollt ihr nicht kämpfen, so könnt ihr entfliehen. Darum habe ich von allem, was euch notwendig sein sollte, nichts leichter gemacht als das Sterben. Ich habe die Seele so gestellt, daß sie leicht entweichen kann. Gebet nur acht darauf, und ihr werdet sehen, welch kurzer und wohlgebahnter Weg zur Freiheit führt. Der Ausgang aus dem Leben ist euch leichter gemacht als der Eingang; stürbe der Mensch so langsam, wie er geboren wird, so hätte das Schicksal eine große Gewalt über euch. Jeder Augenblick, jeder Ort kann euch lehren, wie leicht es sei, der Natur den Dienst aufzukündigen und ihr Geschenk ihr heimzuzahlen. An den Altären und bei den feierlichen Gebräuchen der Opfer, inmitten der Wünsche, die das Leben betreffen, könnet ihr den Tod lernen. Gewaltige Stierkörper stürzen nieder infolge einer kleinen Wunde, und der Schlag der Menschenhand wirft die kräftigsten Tiere nieder. Ein schwaches Eisen durchstößt die Fugen des Nakkens, und wenn das Gelenk, das Kopf und Hals verbindet, durchgehauen ist, so stürzt die ganze Masse nieder. Das Leben liegt nicht tief und muß nicht immer mit dem Schwert gewaltsam zerstört werden; man braucht nicht die innersten Teile aufzusuchen mit einer tiefeindringenden Wunde; der Tod ist ganz nahe. Für solche Stöße habe ich keinen bestimmten Punkt angeordnet; überall findet man das Ziel. Das, was man eigentlich Sterben nennt, das Scheiden von Leib und Seele, geht so schnell vorüber, daß man es nicht einmal recht empfindet. Mag eine Schlinge die Kehle zusammenschnüren oder Wasser die Atmungsorgane verschließen, oder mag einer zerschmettert werden, indem er mit dem Kopfe auf hartem Boden auffällt, oder mag umloderndes Feuer dem Atemzuge den Lauf abschneiden: sei es, wie es wolle, es geht rasch. Errötet ihr nicht? Was so schnell getan ist, das fürchtet ihr so lange?«

Von der Kürze des Lebens

(Auswahl aus Kap. 1, 4, 7, 9, 10, 14, 19)

Wir haben nicht zuwenig Zeit; wir vergeuden zuviel!

Wie große und königliche Schätze, wenn sie an einen üblen Herrn fallen, im Augenblick in alle Winde zerstreut sind, mäßiger Reichtum dagegen durch den weisen Gebrauch unter der Hand eines guten Haushalters wächst, so ist unser Leben lang genug, wenn man gut damit haushält.

Ihr lebt, als wäret ihr ewig da; nie fällt euch eure Hinfälligkeit ein.

Alles haltet ihr fest, und doch müßt ihr sterben; alles begehret ihr, als solltet ihr ewig leben.

Die Kunst zu leben muß man das ganze Leben hindurch lernen, und was dich vielleicht noch wunderbarer dünkt: sein Leben lang muß man sterben lernen.

Jeder beschleunigt sein Leben und leidet an der Sehnsucht nach der Zukunft, während die Gegenwart ihm entleidet ist. Wer aber jeden Augenblick recht für sich benutzt, wer jeden Tag so einrichtet, als ob er das ganze Leben wäre, der wünscht den folgenden Tag nicht und fürchtet ihn nicht. Denn welchen neuen Genuß könnte ihm wohl irgendeine Stunde bringen? Er kennt alles und hat alles zur Genüge gekostet; über das andere mag das Schicksal verfügen, wie es will; sein Leben ist schon in Sicherheit. Hinzukommen kann noch etwas, entrissen kann ihm nichts werden; und hinzukommen nur so, wie wenn einer, der schon satt, aber nicht gerade voll ist, noch etwas Speise zu sich nimmt, ohne ein Bedürfnis danach zu haben.

Das größte Hindernis im Leben ist die Erwartung, die von dem morgigen Tage abhängig macht. Mit dem, was in der Hand des Zufalls ist, macht man Pläne; darüber läßt man fahren, was man in der Hand hat, und verliert das Heute. Wohin blickst du? Wonach strebst du: Alles, was in der Zukunft liegt, ist ungewiß: lebe in der Gegenwart!

In drei Zeiten teilt sich das Leben, in Gegenwart, Vergangenheit und Zukunft. Die Zeit, in welcher wir jetzt leben, ist kurz, die Zukunft ist ungewiß, nur die Vergangenheit ist gewiß. Das ist der unantastbare vollendete Teil unserer Zeit, allen menschlichen Wechselfällen entronnen, dem Reiche des Zufalls entrückt, den weder Mangel, noch Furcht, noch Krankheit beunruhigt. Der kann nicht getrübt und nicht geraubt werden; dieser Besitz ist beständig und ruhevoll. Die Gegenwart besteht nur aus einzelnen Tagen und auch diese nur aus Augenblicken: die Tage der Vergangenheit aber werden, sooft du es haben willst, deinem Gedächtnis zur Verfügung stehen und sich von dir nach Belieben betrachten und festhalten lassen.

Diejenigen allein leben in Muße, die ihre Zeit der Weisheit widmen, sie allein leben wahrhaft, denn sie benutzen nicht nur ihre eigene Lebenszeit gut, sondern sie machen sogar jedes andere Zeitalter zu dem ihrigen. Alle Jahre, die vor ihnen gelebt wurden, gehören ihnen auch. Wenn wir nicht ganz undankbar sind, so sind jene berühmten Religionsstifter für *uns* geboren und haben *uns* den Weg zum rechten Leben gebahnt. Zu dem Schönsten, was aus der Finsternis ans Licht kam, werden wir durch die Tätigkeit anderer geführt. Kein Jahrhundert ist uns verschlossen, zu allen haben wir Zutritt, und wenn wir hohen Sinnes über die Grenzen menschlicher Schwachheit hinausgehen wollen, können wir eine große Strecke Zeit durchwandern. Wir können disputieren mit Sokrates, zweifeln mit Karneades, ruhig leben mit Epikur, die menschliche Natur überwinden mit den Stoikern, über sie hinausgehen mit den Kynikern, da uns die Natur der Dinge gestattet, mit jedem Zeitalter als seine Genossen zu wandeln. Warum sollten wir uns nicht von diesem unbedeutenden vergänglichen Augenblick wegwenden und ganz uns versenken in die unermeßliche Ewigkeit, die wir mit den Edelsten gemein haben?

Ziehe dich zurück in die sichere edle Ruhe. Hältst du es für gleichbedeutend, ob du dafür sorgest, daß das Getreide, ohne durch den Betrug oder durch die Nachlässigkeit der Lieferanten Einbuße zu erleiden, in die Scheunen geschafft, daß es nicht durch Feuchtigkeit verdorben und warm werde und daß es das rechte Maß und Gewicht habe, oder ob du dich mit den heiligen, erhabenen Fragen beschäftigest, was die Götter für Wesen seien, welche Genüsse ihnen zukommen, welches ihr Zustand und ihre Gestalt sei; was für ein Los deinen Geist erwarte, wo die Natur uns wohl hintue, wenn wir unsern Leib abgelegt haben, was die ungeheuer schweren Weltkörper im Gleichgewicht erhalte, über dem Leichten sie schweben lasse, zum höchsten Licht sie emporhebe, die Gestirne zu ihrem Lauf antreibe und was es sonst noch überall für Wunderdinge gibt? Willst du, die Erde zurücklassend, im Geiste dich dorthin erheben? Jetzt, solange das Blut noch warm im Körper kreist, in frischer Lebenskraft muß man sich an das Edlere machen. Es erwartet dich bei dieser Lebensweise eine Menge edler Wissenschaften, Liebe zur Tugend und ihre Übung, Einschlummern der Begierden, die rechte Weisheit zum Leben und zum Sterben, eine erhabene Ruhe.

Trostschrift an seine Mutter Helvia

(Auswahl aus Kap. 2, 5, 6, 8, 9, 11, 16, 17)

Das *eine* Gute hat beständiges Unglück, daß es diejenigen, die es oft heimsucht, zuletzt abhärtet.

Wir haben von Natur eine gute Anlage, wenn wir nur nicht von ihr abgehen. Es ist so eingerichtet, daß zu einem glücklichen Leben kein großer Apparat nötig ist; jeder kann sich selbst glücklich machen. Die zufälligen Dinge sind von untergeordneter Bedeutung und von geringer Wirkung; das Glück erhöht den Weisen nicht, das Unglück schlägt ihn nicht nieder. Er trachtet immer danach, sich auf sich selbst zu verlassen und alle Freude in sich selbst zu suchen.

Die Ortsveränderung an sich ist somit nichts so Schreckliches. Manche behaupten, im Wechsel des Wohnsitzes liege für das menschliche Gemüt ein eigentümlicher Reiz. Dem Menschen ist ein beweglicher, unruhiger Geist gegeben; nie hält er sich zusammen, sondern zerstreut sich und wendet seine Gedanken auf alles, auf Bekanntes und Unbekanntes; er schweift umher, liebt die Ruhe nicht, ergötzt sich an neuen Dinge. Das ist nicht zu verwundern, wenn man seinen Ursprung bedenkt. Nicht aus schweren Erdenstoffen ist er geschaffen, sondern von dem göttlichen Geiste stammt er ab; das Wesen der Himmlischen aber ist immer bewegt; es ist flüchtig und wird umgetrieben im schnellsten Laufe. Betrachte die Gestirne, welche die Welt erleuchten; keins steht fest, jedes geht seine Bahn und verändert unablässig seine Stelle. Obwohl der einzelne Stern mit dem Ganzen sich fortbewegt, nimmt er doch eine der Welt selbst entgegengesetzte Stellung ein; er durchläuft alle Teile des Tierkreises, ist immer in Bewegung und wandert von einem Orte zum andern. Alle bewegen sich in ihren Bahnen und ziehen vorüber; wie das ewige Naturgesetz es verordnet hat, laufen sie da- und dorthin. Wenn sie in bestimmten Zeiten ihre

Kreisbahnen vollendet haben, werden sie wieder gehen, wie sie gekommen. Wie könntest du daher meinen, dem menschlichen Geiste, der aus denselben Atomen zusammengesetzt ist wie diese Himmelskörper, falle es schwer, zu wandern und sich zu verändern, da die göttliche Natur in beständiger rascher Veränderung ihre Freude hat und ihr Bestehen?

Nichts kann ständig bleiben, wo es ist; so hat es das Schicksal gewollt.

Wie wenig ist es, das wir verlieren! Zwei herrliche Dinge aber begleiten uns, wohin wir auch gehen mögen: die Natur, die allen gemeinsam ist, und unsere eigene Tugend. Mag der Schöpfer des Alls ein allmächtiger Gott sein oder eine unkörperliche, in gewaltigen Werken schöpferische Vernunft oder ein göttlicher Hauch, der Großes und Kleines in gleichmäßiger Wirkung durchströmt, oder ein Schicksal und eine unabänderliche Reihenfolge zusammenhängender Ursachen: dafür ist jedenfalls gesorgt, daß nur ganz geringe Dinge einer fremden Willkür unterworfen sind. Was für den Menschen das Beste ist, das liegt außerhalb der menschlichen Macht, es kann weder gegeben noch genommen werden. Diese Welt, das Größte und Schönste, das die Natur hervorgebracht hat, und der Geist, der diese Welt betrachtet und bewundert, das Herrlichste, was in ihr ist, das gehört uns eigen und bleibt uns; es wird uns angehören, solange wir selber leben. Darum wollen wir munter und aufrecht festen Schrittes dahineilen, wie es auch gehen mag!

Durchwandern wir Land um Land: alles in der ganzen Welt gehört uns; von überallher richtet sich der Blick gleichmäßig gen Himmel, und alle Himmelskörper sind gleich weit von jedem Punkte der Erde entfernt. Wohlan! solange meinen Augen der Anblick, dessen sie nicht satt werden, nicht entzogen wird, solange ich den Mond anschauen darf und die Sonne, solange mein Auge an den übrigen Gestirnen haften kann, ihren Auf- und Untergang, ihre Entfernungen erforschend und die Gründe, warum sie schneller oder langsamer dahineilen; solange ich in der Nacht die Menge der leuchtenden Sterne betrachten darf, die einen unbeweglich, die anderen einen kleinen Raum durchwandernd, in ihrer eigenen Bahn sich herumbewegend, manche plötzlich aufleuchtend, andere mit strahlendem Feuer das Auge blendend, als fielen sie herab, oder in langem Zuge mit starkem Lichte vorüberfliegend: solange ich mich damit beschäftigen und mich, soweit es Menschen vergönnt ist, in den Himmel aufschwingen kann, solange ich den Geist über der Erde halten kann, der danach trachtet, verwandte Naturen zu schauen – was liegt daran, wo mein Fuß auftritt! Mag dieser Boden arm sein an fruchtbaren, schönen Bäumen; mag er nicht bewässert werden von großen schiffbaren Flüssen; mag er nichts hervorbringen, was andere Völker suchen, kaum so fruchtbar, daß er seine Bewohner nährt; mag hier kein kostbarer Stein gehauen, nicht Gold- und Silberadern aufgegraben werden: das müßte ein beschränkter Geist sein, der nur an solchen irdischen Stoffen Freude hätte! Auf das muß man den Geist hinlenken, was überall gleichen Glanz hat, und das muß man bedenken, daß jene Dinge den wahren Gütern im Wege stehen, daß sie nichtig sind und daß man sich nicht auf sie verlassen kann. Je längere Säulenhallen man baut, je höhere Türme man errichtet, je breitere Gassen man macht, je tiefere Sommergrotten man gräbt, je gewaltigere Giebel die Speisesäle bekommen, desto mehr verdeckt man sich den Himmel. Das Schicksal hat dich in ein Land geworfen, wo eine Hütte der geräumigste Aufenthaltsort ist. Es wäre erbärmlich und gering, wenn du das nur darum ertrügst, weil du an die Hütte des Romulus denkst. Sage dir vielmehr: dieses niedrige Zelt birgt doch Tugenden in sich. Wenn Gerechtigkeit, Enthaltsamkeit, Klugheit, Frömmigkeit, treue Pflichterfüllung, Erkenntnis göttlicher und menschlicher Dinge darin wohnen, so ist es schöner als alle Tempel. Das ist kein beschränkter Ort, der eine solche

Menge von Tugenden faßt; das ist kein drückendes Exil, in das man ein solch großes Gefolge mitnehmen darf.

Daß du fern vom Vaterlande bist, das macht dich nicht unglücklich; du bist so verständig, zu wissen, daß des Weisen Vaterland überall ist.

Wie wenig ist es doch, das der Mensch zum Leben braucht! Und wem könnte es daran fehlen, der nur irgendwie moralische Kraft hat? Was mich betrifft, so habe ich offenbar nur Geschäfte, nicht Schätze verloren. Der Körper braucht nicht viel; er will die Kälte abgewehrt wissen und Hunger und Durst durch Nahrungsmittel stillen; was darüber ist, das ist Luxus, nicht Bedürfnis.

Die Begehrlichkeit hat nie genug: die Natur ist auch mit wenigem zufrieden.

Wenn jemand einen von goldenen Gefäßen glänzenden Hausrat begehrt und Silberzeug, berühmt durch alte Künstlernamen, ein Metall, das durch den Wahnsinn einiger Menschen im Preis so hoch gestiegen ist, und eine Schar von Sklaven, die jedes noch so geräumige Haus beengen, und Zugvieh mit gemästetem Leibe und wertvolle Steine aus allen Ländern, so wird all das, auch wenn er es bekommt, das unersättliche Herz nie sättigen, ebensowenig wie irgendein Getränk den Durst stillen kann, der nicht im gewöhnlichen Bedürfnis seinen Grund hat, sondern in der Hitze brennender Eingeweide; denn das ist nicht ein Durst, sondern eine Krankheit. So geht es nicht bloß beim Geld und bei den Nahrungsmitteln, sondern bei jedem Verlangen, das nicht aus einem wirklichen Bedürfnis entspringt, sondern aus Üppigkeit; alles, was man tut, befriedigt die Begierde nicht, sondern steigert sie. Wer das natürliche Maß einhält, wird nichts von Armut verspüren; wer es überschreitet, der wird arm beim größten Reichtum. Das Notwendige bietet auch das Exil dar; für Unnötiges reicht kein Königreich hin. Der Geist ist's, der reich macht. Diesen kann man in die Verbannung mitnehmen, und in den ödesten, rauhesten Gegenden hat er an seinen eigenen Gütern eine Fülle von Genuß, wenn er nur so viel antrifft, wie zur Erhaltung des Körpers nötig ist. Geld und Geist haben miteinander nichts gemein, sowenig wie die unsterblichen Götter etwas von den Dingen haben wollen, die unverständige Leute, die zu sehr am Irdischen hängen, hochschätzen. Edle Steine, Gold und Silber, große polierte runde Tische sind irdische Gewichte, die ein reiner, seiner Natur sich bewußter Geist nicht lieben kann, denn er selbst ist leicht und unbeschwert und bestimmt, einst sich nach oben zu schwingen, wenn er einmal von der Leiblichkeit befreit sein wird. Schon jetzt erforscht er das Göttliche mit raschem Gedankenfluge, soweit dies möglich ist bei der Hemmung des Körpers und bei der schweren Last, die an ihm hängt. Der freie Geist kann gar nicht verbannt werden; er ist gottverwandt und in jeder Welt und Zeit daheim. Der Gedanke schwebt im Himmel, in aller Vergangenheit und Zukunft. Dieses Körperchen, des Geistes Kerker und Fessel, kann da oder dort hingeworfen werden; an ihm können Qualen, Räubereien und Krankheiten ihre Wut auslassen; der Geist ist unverletzlich und ewig; niemand kann ihm ein Leid antun.

Nein, ich verweise dich auf die edlen Wissenschaften; zu ihnen muß jedermann sich flüchten, den das Geschick hart behandelt; sie werden deine Wunden heilen und alle Traurigkeit gänzlich verscheuchen.

Darum vernimm, wie du mich dir zu denken hast: froh und heiter und guter Dinge! Das ist ja das höchste Glück, wenn der Geist frei ist und sich mit sich selbst beschäftigen darf, bald an leichteren Studien sich ergötzend, bald wahrheitsbegierig sich erhebend zur Betrachtung der eigenen Natur und des Weltalls. Zuerst erforscht er die Länder und ihre Lage, dann die Art des Meeres, das sie umströmt, seine Ebbe und

Flut; dann betrachtet er, was zwischen Himmel und Erde
Furchtbares liegt, die durch Donner, Blitze, Stürme, Regen-
güsse, Schneegestöber und Hagelwetter beunruhigten
Räume. Dann, wenn er die niedrigeren Regionen durchwan-
dert hat, erhebt er sich zum Höchsten, genießt den herrli-
chen Anblick des Himmlischen und geht, seines ewigen
Lebens bewußt, ein auf alles, was jemals war und was in alle
Zukunft sein wird.

Über den Zorn

(Auswahl aus Kap. I, 5; II, 27. 28. 31; III, 11. 15. 16. 25. 26. 31. 33.
34. 43)

In Wohltaten und in der Eintracht besteht ja das Menschenleben; nicht durch Schrecken, sondern durch gegenseitige
Liebe wird es zu einem Bunde gemeinschaftlicher Hilfelei-
stung gemacht.

Manches kann gar nicht schaden, sondern kann nur wohltä-
tig und segensreich wirken, wie die unsterblichen Götter,
die weder schaden wollen noch können. Ihr Wesen ist Milde
und Güte; sie sind ebensoweit davon entfernt, andern wehe
zu tun wie sich selbst. Nur Toren und Verblendete schreiben ihnen das Wüten des Meeres zu, endlose Regengüsse,
strengen Winter, indes es bei alledem, gleichviel ob es uns
schadet oder nützt, gar nicht auf uns abgesehen ist. Denn
nicht wir sind Ursache, daß im All Winter und Sommer
wechseln; Gott lenkt die Welt um ihrer selbst willen, nach
eigenen Gesetzen. Es wäre sehr vermessen von uns, zu
meinen, um unseretwillen müssen so gewaltige Kräfte in
Bewegung gesetzt werden. Somit geschieht von alledem
nichts uns zuleid, im Gegenteil: alles gereicht uns zu unserem Besten.

Wer könnte sagen, er habe sich nie gegen ein Gesetz vergangen? Und könnte man das auch sagen, wie wenig bedeutete doch eine solche äußerliche Korrektheit! Erstreckt sich der Kreis der Pflichten nicht viel weiter als der des Rechts? Wieviel fordert die fromme Gesinnung, die Menschenliebe, die Freigebigkeit, die Gerechtigkeit, die Treue, was alles nicht auf den bürgerlichen Gesetzestafeln steht! Aber nicht einmal auf jene sehr beschränkte, unbedeutende Schuldlosigkeit können wir Anspruch machen. Etwas anderes haben wir getan, etwas anderes gedacht; anderes gewünscht und anderes unterstützt; in manchem trifft uns keine Schuld, weil es nicht gelang. Wenn wir das bedenken, werden wir billiger sein gegen Fehlende.

Fremde Fehler sehen wir, den eigenen wenden wir den Rücken zu.

Gleichwie alle Glieder miteinander im Einklang stehen, weil es im Interesse des Ganzen ist, jedes einzelne zu bewahren, so muß man als Mensch jeden einzelnen schonen, weil wir für die Gemeinschaft bestimmt sind; das Wohl des Ganzen beruht darauf, daß die einzelnen Teile liebevolle Rücksicht aufeinander nehmen.

Darum soll man auch einem Menschen nicht wehe tun, weil er gefehlt hat, sondern damit er nicht wieder fehle; die Strafe soll nicht auf die Vergangenheit, sondern auf die Zukunft sich beziehen; sie zürnt nicht, sondern sie will vorbeugen. Wollte man jeden strafen, dessen Inneres zum Bösen geneigt und schlimm ist, so könnte kein Mensch straflos bleiben.

Darum muß man manchmal etwas auf später verschieben, manches belächeln, manches verzeihen.

Sieh dich nur um, überall kannst du dein Elend endigen. Siehst du jene steile Stelle? Dort hinab geht's in die Freiheit! Siehst du jenes Meer, jenen Fluß, jenen Brunnen? Auf ihrem

Grunde wohnt die Freiheit! Siehst du jenen kleinen, dürren, verkrüppelten Baum? An ihm hängt die Freiheit! Dein Hals, deine Kehle, dein Herz: lauter Wege, der Sklaverei zu entrinnen. Sind dir diese Auswege zu qualvoll, fordern sie zuviel Mut und Kraft, fragst du nach dem leichtesten Weg zur Freiheit: – jede Ader deines Körpers ist ein solcher Weg!

Jedes noch so harte Joch drückt den, der ruhig darunter geht, weniger als den, der widerstrebt. Das einzige Linderungsmittel bei großen Leiden ist, daß man in Geduld der Notwendigkeit gehorche.

Wenn auch die Klügsten fehlen, wessen Irrtum findet dann nicht eine Entschuldigung?

Es ist ein Kennzeichen wahrer Größe, nicht jeden Stoß zu beachten.

Derjenige aber, den ich soeben als erhaben über alle Widerwärtigkeit dargestellt habe, hält gleichsam das höchste Gut in den Armen und spricht nicht nur zu Menschen, sondern zum Schicksal selbst: »Tue, was du willst, du kannst mir doch meinen heitern Himmel nicht umwölken. Das läßt die Vernunft nicht zu, deren Leitung ich mein Leben übergeben habe.«

Die größte Strafe für ein begangenes Unrecht ist das Bewußtsein, es begangen zu haben, und niemand wird schwerer bestraft, als wer der Folter der Reue übergeben wird.

Wir alle sind unüberlegt und unvorsichtig, unzuverlässig, unzufrieden, ehrsüchtig, kurz – was suche ich den allgemeinen Krebsschaden durch mildere Ausdrücke zu beschönigen: wir sind allzumal Sünder. Was man an einem andern tadelt, wird man im eigenen Herzen finden.

Wir leben unter Bösen und sind selber böse, darum wollen wir nachsichtig gegeneinander sein; wir wollen miteinander übereinkommen, es gegenseitig nicht zu genau zu nehmen; das wird uns Ruhe verschaffen. »Jener hat mir Schaden zugefügt, ich ihm nicht.« Aber irgend jemand hast du auch schon beleidigt oder wirst es in Zukunft einmal tun. Denke nicht an die jetzige Stunde, an den heutigen Tag, betrachte den gesamten Zustand deiner Seele: hättest du auch gar nichts Böses getan, so hättest du doch Böses tun können.

Sei dankbar für das, was du hast; warte auf das übrige und sei froh, daß du noch nicht alles hast; es ist auch ein Vergnügen, noch auf etwas zu hoffen.

Um des Geldes willen erhebt man den größten Lärm; das Geld macht auf dem Forum zu schaffen, bringt Eltern und Kinder gegeneinander auf, mischt Gifte und drückt einzelnen Mördern wie ganzen Legionen das Schwert in die Hand. Das Geld ist befleckt mit unserem Blute, um seinetwillen bringen Männer und ihre Ehefrauen ganze Nächte im Hader zu, drängen sich Volkshaufen vor den Richterstuhl der Obrigkeit, um seinetwillen wüten und rauben Könige und zerstören Staaten, an denen Jahrhunderte mühsam gearbeitet haben, um in der Asche der Städte nach Gold und nach Silber zu wühlen. Welche Freude, die in einer Ecke liegenden Geldsäcke zu betrachten! Um ihretwillen schreien die Leute, daß ihnen die Augen hervortreten, um ihretwillen hallen die Gerichtsgebäude vom Lärm wider; Richter, aus fernen Gegenden herbeigerufen, sitzen zu Gericht, um zu entscheiden, wessen Habsucht mehr im Rechte sei. Und was soll es heißen, wenn es vollends nicht einmal um namhafte Summen geht, sondern um eine Handvoll Erz oder um einen Denar, den ein Sklave zuviel angerechnet hat, daß ein Greis, der ohne Erben sterben wird, darüber vor Ärger beinahe platzt? Wenn wegen eines kleinen Zinsrestes ein kränkelnder Wucherer, der wegen seiner verkrümmten Füße und Hände nicht selber erscheinen kann, ein Geschrei erhebt und durch

Sachwalter seine lumpigen paar Dreier inmitten der Anfälle seiner Krankheit eintreibt? Wenn du mir alles Geld aus den Bergwerken, in denen man so eifrig gräbt, und alle Schätze, die sie bergen und die der Geiz wieder in der Erde vergräbt, aus der er sie zum Unheil hervorgeholt hatte, herbrächtest: so würde ich all das Zeug nicht für wert halten, daß ein braver Mann darum die Stirne runzelte. Wie lächerlich ist, was uns Tränen auspreßt!

Glaube mir, es sind geringfügige Dinge, um die wir uns so ernstlich erhitzen, nicht mehr wert als das, worüber Knaben Streit und Händel miteinander anfangen. Nichts von alledem, was wir so gar wichtig betreiben, ist wirklich ernst und groß.

Warum zürnst du deinem Sklaven oder deinem Herrn, deinem König oder deinem Schützling? Habe nur ein wenig Geduld. Siehe, der Tod kommt und macht uns alle gleich.

Wie bald, wie bald hauchen wir die Seele aus, während wir noch einmal atmen wollen! Solange wir aber noch unter den Menschen weilen, wollen wir Menschlichkeit üben, keinem furchtbar oder gefährlich sein; Verluste, Beleidigungen, Schmähungen, Neckereien wollen wir geringachten und mit hohem Sinne die kurzdauernden Widerwärtigkeiten ertragen. Im Umsehen, im Umdrehen, wie man sagt, ist der Tod da.

Trostschrift an Marcia

(Auswahl aus Kap. 5, 6, 10, 11, 12, 14, 16, 17, 19, 20, 21, 22, 23, 25, 26)

Bedenke auch, daß es kein Beweis von Größe ist, im Glück sich stark zu erweisen, wenn im Leben alles günstig verläuft. Des Steuermanns Kunst erprobt sich nicht bei ruhigem Meer und bei günstigem Wind: etwas Widriges muß sich zeigen, dann erst kann der Mut sich bewähren. Laß dich nicht niederbeugen, stehe fest; welche Last dir auch von oben auferlegt werden mag, trage sie nur; nur der erste Ansturm ist schreckhaft. Nichts ärgert das Geschick mehr als Gleichmut!

Das ist ein schlechter Lenker eines Schiffes, dem die Wellen das Steuerruder entreißen, der die flatternden Segel preisgibt und das Fahrzeug zum Spielball des Sturmes werden läßt; dagegen lobt man den, der sich selbst beim Schiffbruch noch wehrt und, die Hand am Steuerruder, in den Wogen umkommt.

Alles, was uns von außen her zufällt und uns Glanz bringt: Kinder, Ehrenstellen, Reichtum, geräumige Vorsäle, Vorhöfe voll von Klienten, die nicht alle hereindürfen, eine berühmte, vornehme oder schöne Frau und was sonst vom unsichern, wandelbaren Schicksal abhängt, alles das ist uns nur geliehen, nichts haben wir als Geschenk empfangen; mit solchem zusammengetragenen Besitz, den man wieder hergeben muß, wird nur die Bühne des Lebens ausgeschmückt, sie dienen nur als Dekoration. Das eine davon wird heute, das andere morgen zurückgenommen, wenig bleibt uns bis an unser Ende. Wir haben daher auch keine Berechtigung, zu wähnen, es gehöre uns; es ist uns nur geliehen worden. Die Nutznießung ist unser; auf wie lange – darüber entscheidet der, der über sein Geschenk Bestimmung getroffen hat; wir müssen, was uns auf unbestimmte Zeit gegeben worden ist, immer bereit halten und müssen es, sobald es verlangt wird, hergeben, ohne zu klagen. Das wäre ein sehr schlechter Schuldner, der gegen seinen Gläubiger grob würde.

Wieder und wieder muß unser Herz daran erinnert werden, daß alles, woran es hängt, von uns gehen wird, ja, daß es schon im Begriff ist, von uns zu gehen. Was das Geschick gegeben hat, besitze man mit dem Gedanken, man könne es jeden Augenblick verlieren. Schöpft in vollen Zügen Freude aus dem Verkehr mit euren Kindern, solange ihr könnt, und lasset andererseits eure Kinder sich eurer Liebe erfreuen; ergreifet jede Freude ohne Aufschub, ihr wisset nicht, ob die kommende Nacht – doch ich habe zuviel gesagt –, ob die nächste Stunde euer ist. Eilen muß man; im Rücken droht der Tod. Plötzlich zerstreut sich das Gefolge; plötzlich wird zum Aufbruch geblasen, und das bisherige Zusammenleben hört auf. Das ganze Leben ist ein allgemeiner Raub und eine beständige Flucht. Und ihr Unglücklichen versteht nicht, auf der Flucht zu leben! Du trauerst darüber, daß dein Sohn starb: die Stunde, da er geboren wurde, ist schuld daran; bei seiner Geburt ward ihm der Tod bestimmt. Unter dieser Bedingung ward er dir gegeben; diesem Lose ging er von Geburt an entgegen. Wir stehen unter der harten, unbeugsamen Herrschaft des Schicksals und müssen nach dessen Willkür geduldig Verschuldetes und Unverschuldetes hinnehmen. Es geht gewalttätig, schmählich, grausam mit unserem Leibe um, den einen brennt es mit Feuer, sei es zur Strafe oder zur Heilung; den andern schlägt es in Fesseln durch die Hand von Feinden oder von Mitbürgern; einen Dritten treibt es nackt durch wilde Meere, und wenn er lange genug mit den Wellen hat kämpfen müssen, wird er nicht einmal auf den Sand des Ufers ausgeworfen, sondern findet im Bauche irgendeines gewaltigen Ungetüms seinen Tod; wieder ein anderer muß, abgezehrt durch alle Arten von Krankheiten, lange zwischen Tod und Leben schweben. Das Schicksal ist eine launische, zügellose Herrin, die sich um ihre Sklaven nicht kümmert und die Strafen und Belohnungen am unrechten Orte austeilt.

Wozu über einzelnes klagen? Das ganze Leben ist beklagenswert. Neues Unheil bedrängt uns, noch ehe wir mit dem alten recht fertig geworden sind.

Bekennst du aber, du habest durch ihn (deinen Sohn) große Freude gehabt, so mußt du dankbar sein für das, was dir vergönnt war, nicht klagen über das, was jetzt aufgehört hat.

»Aber dieser Gewinn hätte länger und größer sein können!« Doch ist es besser, als wenn du ihn gar nicht gehabt hättest; wenn man die Wahl hat, ob man kurze Zeit glücklich sein wolle oder gar nicht, so nimmt man doch lieber ein bald aufhörendes Glück als gar keins.

Großes und lang dauerndes Glück hat fast niemand; nur ein mäßiges Glück hält an.

Wo ist ein Haus, das in allen seinen Bestandteilen bis ans Ende feststand, in dem nicht irgendeine Störung vorkam?

Das Leben ist voll von allerlei feindlichen Unfällen; nie hat man lange Frieden, kaum hie und da einen Waffenstillstand.

Gewiß ist das schwer, aber es ist das allgemeine Los. Dazu ist man auf die Welt gekommen, daß man Verlust erleide, selber vergehe, hoffe, fürchte, sich und andere beruhige, den Tod bald fürchte, bald wünsche und, was das Schlimmste ist, nie wisse, wie es mit einem stehe.

Der Tod ist die Erlösung von allen Schmerzen und völliges Aufhören; über ihn gehen unsere Leiden nicht hinaus; er versetzt uns wieder in den Zustand der Ruhe, in dem wir uns befanden, ehe wir geboren wurden. Bedauert jemand die Gestorbenen, so muß er auch die Ungeborenen bedauern. Der Tod ist weder ein Gut noch ein Übel; denn ein Gut oder ein Übel kann nur etwas wirklich Vorhandenes sein; was aber selbst nichts ist und alles in das Nichts verwandelt, das gibt uns gar keinem Schicksal preis. Bei Übeln und Gütern muß ein Stoff vorhanden sein; was die Natur aufgelöst hat, das kann auch das Schicksal nicht mehr festhalten; wer nicht mehr ist, kann auch nicht mehr elend sein. Dein Sohn hat den Bereich des Sklavenlebens hinter sich, er ist eingegangen in das Reich des großen und ewigen Friedens. Die Furcht vor Armut, die Sorgen des Reichtums, der Stachel der sinnlichen Lust, all das berührt ihn nicht mehr; er ist nicht neidisch auf das Glück anderer, und der Neid der Nebenmenschen tut ihm nicht wehe; sein empfindsames Ohr wird durch kein Wort der Schmähung beleidigt; allgemeines oder häusliches Unglück darf sich ihm nicht nahen; er schwebt nicht, bekümmert um die Zukunft, in Erwartung der Dinge, die kommen sollen und die doch immer zum Schlimmen hinneigen; endlich ist er auf einem Standpunkt angekommen, von wo ihn nichts vertreibt, wo nichts mehr ihn beunruhigt.

Der kennt des Erdenlebens Elendigkeit nicht, der den Tod nicht als die beste Gabe der Natur preist und ihn herbeisehnt!

Der Tod ist's, sage ich, dem wir es zu verdanken haben, daß es keine Strafe ist, geboren zu sein; er hält mich aufrecht bei den Schicksalsschlägen, so daß ich starken, festen Mutes bleiben kann, getragen durch den Gedanken: ich weiß einen Platz, wo ich landen kann!

Jedem ist sein Ziel festgesteckt; das wird bleiben; weder Sorgfalt noch Gunst werden es weiter hinausrücken. Und es ist gut, daß man weiß, daß dem gegenüber, was beschlossen ist, alle Sorgfalt vergeblich wäre.

Jedem wird das gehalten, was ihm versprochen worden ist; das Geschick geht seinen streng vorgezeichneten Weg; es fügt zu dem Festgesetzten nichts hinzu und nimmt auch nichts davon hinweg; alles Wünschen und Streben ist vergeblich.

Wo kann man heutzutage einen Menschen finden, dessen Verhältnisse so festgegründet wären, daß er von der Zukunft nichts zu fürchten hätte? Alles Menschliche ist im Flusse und gleitet dahin, und was uns im Leben am besten gefällt, das ist gerade das Flüchtigste und Zarteste. Darum muß man sehr Glücklichen den Tod wünschen, weil bei der großen Unbeständigkeit und Verwirrung nichts sicher ist, als was vorüber ist.

Das größte Glück ist, gar nicht geboren zu werden; das zweitgrößte, davon bin ich überzeugt, ist, bald sterben zu dürfen und wieder in den Zustand zurückzukehren, in dem man sich vor der Geburt befand.

Die Zukunft ist ganz ungewiß; ziemlich bestimmt ist, daß Schlimmeres nachkommt. Überdies ist der Weg zu den Himmlischen für diejenigen Seelen leichter, die sich zeitig von der Berührung mit menschlichen Dingen frei gemacht haben; sie haben noch nicht so viel Masse und Bodensatz. Ehe sie sich allzutief in das Irdische einleben, werden sie frei und können nun leichter zu ihrem Ursprung zurückkehren und, was ihnen vom Schmutz der Erde anklebt, geschwinder abstreifen. Nie ist großen Geistern ein langes Verweilen im Körper erwünscht; sie wünschen lebhaft, herauszukommen, auszubrechen; sie ertragen das Eingeschlossensein ungern, sie, die sich lieber aufwärtsschwingen und von der Höhe auf das Treiben der Menschen herabschauen. Darum sagt Plato, der Weise habe eine unstillbare Sehnsucht nach dem Tode, ihn wünsche er und mit ihm beschäftige er sich fleißig in Gedanken; dieser Wunsch beseele ihn bei allem äußeren Tun.

Was die höchste Stufe seiner Entwicklung erreicht hat, neigt sich rasch dem Ende zu. Die vollkommene Tugend entzieht sich der Welt, und was früh gereift ist, wartet nicht, bis die Nacht hereinbricht. Je heller ein Feuer aufflammt, desto früher erlischt es; länger fristet es sein Dasein, wenn es zähere und härtere Stoffe zu seiner Nahrung hat, dann schwelt es und brennt matt; eben weil es sich nur mangelhaft nähren kann, hält es sich länger. So leben auch hellere Geister um so kürzere Zeit; wo man nicht mehr zunehmen kann, da ist das Aufhören nicht ferne.

Es liegt also kein Grund vor, das Grab deines Sohnes immer wieder aufzusuchen. Nur was gering an ihm war und ihm selber lästig, liegt dort begraben: Gebeine und Asche. Das ist ebensowenig ein Teil von ihm selbst wie seine Kleider und andere Leibeshüllen. Unversehrt und nichts von seinem eigentlichen Wesen auf Erden zurücklassend ist er entschwebt. Wenn er noch eine kurze Zeit über uns verweilt hat, bis er völlig gereinigt ist und die anhaftenden Fehler und jeden Rest dieser Sterblichkeit abgelegt hat, dann schwingt er sich aufwärts und eilt den seligen Geistern zu.

In der Ewigkeit können sie sich (dein Vater und dein Sohn) frei auf unendlichen Gebieten bewegen; kein Meer hindert sie, keine Bergeshöhe, kein tiefeingeschnittenes Tal, nicht die Sandbänke unsicherer Furten. Überall sind ebene Pfade, leicht gehen sie ineinander über und führen von einem Stern zum andern.

Nichts bleibt, wie es jetzt ist – auch das allgemeine Schicksal kann dir vielleicht ein Trost für deine Sehnsucht sein –; die Zeit stürzt alles und reißt es dahin. Die Menschen sind nur ein kleiner Teil von dem, was Spielball des Geschicks ist.

Wenn die Zeit kommt, da die Welt vergeht, um neu zu erstehen, da wird sich alles durch eigene Kraft aufreiben, die Gestirne werden aufeinanderprallen, alle Stoffe werden brennen, alles, was jetzt in Ordnung leuchtet, wird dann *ein* Feuermeer sein. Auch wir seligen Geister, die wir die Ewigkeit erlangt haben, werden, wenn es Gottes Wille ist, das alles mit durchmachen müssen, und bei der allgemeinen Auflösung, ein kleiner Zuwachs zu dem großen Untergang, verwandelt werden in die Urbestandteile.

Aus den Briefen an Lucilius

Nutze jede Stunde; wenn Du das Heute wahrnimmst, wirst Du weniger vom Morgen abhängen; indem man das Leben aufschiebt, eilt es von dannen. (1,2)

Ich halte den nicht für arm, dem das wenige genug ist, was er übrig hat. (1,4)

Erwirb Dir täglich etwas, was gegen die Armut, was gegen den Tod, was ebenso gegen die sonstigen Übel zu stärken vermag. (2,4)

Arm ist nicht, wer nur wenig hat, sondern wer immer noch mehr begehrt. (2,6)

Du fragst mich, welches Maß der Reichtum halten soll; zunächst so viel zu haben, wie nötig ist, alsdann so viel, wie genug ist. (2,6)

Gestalte Dir das Leben angenehm, indem Du alle Sorge darum aufgibst. (4,6)

Erreichbar ist stets, was genug ist; wer mit seiner Armut gut auskommt, ist reich. (4,11)

Groß ist der Mensch, der Tongeschirr gebraucht wie Silbersachen; doch auch nicht kleiner ist der Mensch, der Silbersachen gebraucht, als sei es Tongeschirr. (5,6)

Du wirst aufhören, Furcht zu haben, wenn Du aufhören wirst zu hoffen; denn die Furcht begleitet die Hoffnung. (5,7)

Denke daran, daß nichts Bewunderung verdient, nur der Geist; nichts gilt ihm groß, wenn er selbst Größe hat. (8,5)

Willst Du geliebt sein, so liebe selbst! (9,6)

Alle meine wahren Güter habe ich bei mir; ich habe nichts verloren; meine Rechtlichkeit, meine gute Haltung, meine Weisheit sowie vor allem die Überzeugung, daß nichts ein wahres Gut sei, was mir entrissen werden kann. (Antwort des Philosophen Stilpon – nach Zerstörung seiner Heimatstadt – auf die Frage, was er verloren habe.) (9,19)

Wir wollen das Alter wahrnehmen und es lieben! Es ist reich an Genuß, wenn man es zu nutzen versteht. Die Früchte schmecken am süßesten, wenn sie zur Neige gehen. Die Kindheit ist am reizendsten, wenn sie zu Ende geht. Dem Zecher mundet der letzte Schluck am besten, der ihn ganz versinken läßt, der seinen Rausch vollkommen macht. Das Köstlichste, was jede Lust in sich birgt, spart sie fürs Ende auf. Das angenehmste Lebensalter ist jenes, das sich bereits dem Ende zuneigt, doch noch nicht jäh endet; und auch jenes, das auf der letzten Stufe steht, hat seine Freuden, wie ich glaube, oder an Stelle der Vergnügungen das frohe Bewußtsein, ihrer nicht mehr zu bedürfen. Wie angenehm ist es doch, seine Begierden müde zu wissen und sie hinter sich gelassen zu haben! (12,4.5)

Jeder Tag mag so gestaltet werden, als ob er die Reihe der Tage beende und das Leben restlos erfülle ... Wenn Gott uns dazu noch das Morgen schenkt, so wollen wir es frohen Herzens hinnehmen. Jener Mensch ist der Glücklichste, Sorgloseste und am meisten seiner selbst gewiß, der dem Morgen ohne Sorge entgegensieht. Wer stets zu sagen vermag: »Ich habe wahrhaft gelebt«, erhebt sich morgens stets zum Gewinn. (12,8.9)

Es ist schlimm, in Not zu leben; doch in Not zu leben, ist niemals vonnöten. (12,11)

Wer des Reichtums am wenigsten bedarf, hat am meisten von seinem Reichtum ... Wer des Reichtums bedarf, fürchtet für ihn. Doch niemand hat Freude an einem Gut, um das er Sorge hat. Stets trachtet er, seinen Besitz zu vermehren, und während er darauf bedacht ist, vergißt er seinen Besitz zu nutzen. (14,17.18)

Doch man wird mir entgegnen: Was hilft mir die Philosophie, wenn es ein Schicksal gibt? Was hilft sie, wenn Gott die Welt regiert? Was nutzt sie, wenn der Zufall herrscht? Denn dann kann das Gewisse nicht geändert werden, und gegenüber dem Ungewissen kann man keine Vorsorge treffen, wenn Gott meine Entschlüsse bestimmt oder selbst festlegt, was ich zu tun habe, oder das Schicksal meiner Entschließung doch nichts überläßt. Mag das eine oder das andere gelten oder alles zugleich, Lucilius, um die Philosophie müssen wir uns doch bemühen. Ob uns das Schicksal nun mit seinem unerbittlichen Gesetz erfaßt, ob Gott das Weltall nach seinem Gutdünken lenkt oder ob der Zufall alles Menschliche ohne jegliche Ordnung in Bewegung setzt und durcheinanderwirft, die Philosophie muß uns in ihren Schutz nehmen. Sie wird uns mahnen, Gott willig zu gehorchen und dem Schicksal mit Festigkeit standzuhalten: sie wird Dich lehren, Gott willig zu folgen und Schläge des Zufalls in guter Haltung zu tragen. (16,4.5)

Wenn Du nach der Natur lebst, wirst Du niemals arm sein; wenn Du dagegen in Deiner Lebensweise Rücksicht auf die Meinungen der Menschen nimmst, wirst Du niemals reich sein. (16,7)

Die Armut begnügt sich damit, die unmittelbaren Bedürfnisse zu befriedigen. Wie kommt es da, daß Du sie als Hausgenossin ablehnst, sie, deren Lebensweise der verständige Reiche sich zu eigen macht? Wenn Du Muße haben willst für den Geist, so mußt Du arm sein oder dem Armen ähnlich. Deine Bemühungen darum können nicht erfolgreich sein ohne das Bemühen um Genügsamkeit, Genügsamkeit jedoch ist freiwillige Armut. (17,4.5)

Die Weisheit ersetzt die Schätze; wem sie diese entbehrlich gemacht hat, dem gibt sie Schätze (anderer Art) in reicher Fülle wieder. (17,10)

Für viele bedeutet der Gewinn von Reichtum nicht das Ende ihres Unglücks, sondern nur ein Wechsel von dessen Gestalt. Doch darüber wundere ich mich nicht: denn das Fehlerhafte liegt nicht in den Dingen, sondern in der Seele. Was die Armut schwer erträglich gemacht hatte, das macht auch den Reichtum schwer erträglich ... Es macht nichts aus, ob Reichtum oder Armut herrscht, wenn das Innere nicht in Ordnung ist; das Leiden bleibt. (17,11.12)

Ich möchte nun doch einmal die Festigkeit Deiner Seele der Prüfung unterziehen und Dir nach dem Rat bedeutender Menschen empfehlen, Du mögest zwischendurch einige Tage festlegen, an denen Du Dich mit sehr wenig und bescheidener Nahrung begnügst sowie mit grober und schlechter Kleidung; dann wirst Du sagen: »Das also war es, wovor ich mich fürchtete!« ... Wer, wenn es ernst ist, nicht verzweifeln will, muß, ehe es ernst ist, sich stählen. Danach handelten alle die, welche zu jeder Zeit sich mit der Armut vertraut machten und freiwillig Mangel litten, um nicht vor einem Zustand in Schrecken zu geraten, mit dem sie sich oft vertraut gemacht hatten ... Der Reichtum wird uns weniger Sorge machen, wenn wir wissen, daß die Armut gar nicht so schwer ist ... Wenn auch Wasser, Graupen und ein Stück Gerstenbrot nicht immer etwas Angenehmes sein mögen, doch die größte Freude bereitet es, zu wissen, daß man auch daran Vergnügen finden könne und es so weit gebracht habe, daß keine Ungunst des Glücks uns etwas nehmen kann ... Welche Seelengröße bedeutet es, sich freiwillig dazu zu verstehen ... Dies heißt, den Schlägen des Schicksals zuvorzukommen ... Ich untersage Dir also den Besitz nicht, aber ich möchte es erreichen, daß Du Dich des Besitzes ohne Angst freuen kannst; dies wirst Du aber nur erreichen, wenn Du überzeugt bist, auch ohne Besitz glücklich leben zu können, und wenn Du ihn immer als etwas Vergängliches betrachtest. (18,5.6.7.10.11.13)

Muß man denn nicht schon um deswillen die Armut lieben, weil sie deutlich zeigt, von wem man geliebt wird ... Darauf seien alle Deine Gedanken gerichtet, dafür sorge Dich und dies wünsche Dir, daß Du einig bist mit Dir selbst und genug hast an den Gütern, die aus Dir erwachsen. Welches Glück wäre leichter zu gewinnen? Mit allen übrigen Wünschen verschone Gott! Begnüge Dich mit dem wenigen, aus dessen Besitz Du nicht verjagt werden kannst ... Eindrucksvoller, dies glaube mir, werden Deine Reden sein, wenn Du nur ein Strohlager und einen groben Mantel hast; denn da wird nicht nur geredet, sondern auch etwas bewiesen ... Es bedeutet viel, inmitten des Reichtums zu leben und dadurch nicht verdorben zu werden; bewundernswert ist, wer inmitten des Reichtums arm ist. (20,7.8.9.10)

Du irrst, Lucilius. Von diesem (Deinem gegenwärtigen glanzvollen) Leben zu jenem (von geistigem Bemühen erfüllten) Leben steigt man durchaus aufwärts. Wie der Widerschein sich unterscheidet vom Licht, das seinen eigenen und gewissen Ursprung in sich hat, während jener von fremdem Licht abhängt, so unterscheidet sich dieses Leben von jenem; dieses wird von Strahlen getroffen, die von außen her kommen, und wer sich vor die Lichtquelle stellt, wirft sogleich einen dichten Schatten; jenes ist durch sein eigenes Licht erleuchtet. (21,2)

An einem jähen Absturz steht die Lust; sie wandelt sich zum Schmerz, wenn sie kein Maß hält. (23,6)

Vor allem denke immer daran, den Dingen ihr Beängstigendes zu nehmen und darauf zu sehen, was in Wahrheit an ihnen ist; Du wirst erkennen, daß ihnen selbst nichts Beängstigendes innewohnt, sondern daß unsere Furcht allein es ist, welche sie beängstigend macht ... Nicht nur den Menschen, sondern auch den Dingen muß man die Larve abziehen, die uns schreckt, und ihnen ihr wahres Gesicht wiedergeben. (24,12.13)

Der Tod vernichtet uns oder er befreit uns; den Befreiten verbleibt das Bessere, sie sind von ihrer Last befreit; sind wir vernichtet, so bleibt uns nichts, Gutes wie Schlimmes ist behoben. (24,18)

Du sollst Deine Seele kräftigen zur Ausdauer gegenüber dem Tod wie gegenüber dem Leben; denn gegenüber beidem bedürfen wir der Stärkung und Kräftigung, damit wir weder das Leben allzusehr lieben noch es allzusehr hassen. (24,24)

Belaste Dich nicht mit viel Gepäck. Nichts von dem, was wir haben, ist notwendig. Kehren wir zurück zum Gesetz der Natur, und unser Reichtum liegt bereit. Was wir notwendig haben, ist umsonst oder wohlfeil. Brot und Wasser verlangt die Natur. Daran ist niemand arm. Wer darauf seinen Bedarf einschränkt, mag mit Jupiter selbst wetteifern an Glückseligkeit. (25,4)

Wer zu sterben gelernt hat, der hat verlernt, Sklave zu sein; er steht über aller Gewalt, mindestens jenseits von aller Gewalt. Was bedeuten ihm Kerker und Wachen und verschlossene Türen? Der Ausgang steht ihm frei. Es gibt nur eine Kette, die uns gefesselt hält, das ist die Liebe zum Leben. Vermag man sie nicht abzuwerfen, so muß man sie wenigstens schwächen, damit uns nichts zurückhalte und hindere, bereit zu sein, wenn die Umstände es erfordern, das sofort zu tun, was doch einmal geschehen muß. (26,10)

An wertlose Vergnügungen schließt sich die Reue an, noch lange hinterher; sie sind nicht dauerhaft, sie bleiben nicht;

auch wenn sie nicht schädlich sind, so sind sie doch flüchtig. Sieh Dich lieber nach einem bleibenden Gut um; doch nur das ist bleibend, was das Herz an sich selbst findet. (27,2.3)

Dein Inneres mußt Du umstellen, nicht nur den Himmelsstrich wechseln ... Weshalb wunderst Du Dich, daß Deine Reisen Dir nicht helfen, da Du Dich selbst doch überallhin mitnimmst? Was Dich forttrieb, folgt Dir auf dem Fuße. Was soll es Dir nutzen, neue Länder kennenzulernen, neue Städte und Landstriche? ... Du fragst, warum Deine Flucht Dir nicht zur Ruhe verhilft. Du fliehst mit Dir. Was Dein Inneres bedrückt, muß vorerst abgestreift werden; sonst wird es Dir an keinem Ort gefallen ... Daher sollen wir unser Herz an keinen bestimmten Ort hängen, sondern vielmehr der Überzeugung leben: »Nicht für einen Winkel bin ich geboren, mein Vaterland ist die ganze Welt.« (28,1.2.4)

Der wollte nicht leben, der nicht sterben will. Denn das Leben ist uns mit der Bedingung des Todes geschenkt; es ist der Weg zu diesem Ziel. Unsinnig ist es daher, den Tod zu fürchten; denn nur das Ungewisse fürchtet man, dem Gewissen sieht man entgegen. Der Tod bedeutet eine gerechte und unabwendbare Notwendigkeit. Wer sollte sich beklagen, in einer Lage zu sein, in der sich alle ausnahmslos befinden. Das vornehmste Gesetz der Gerechtigkeit ist Gleichheit. Daher wäre es unangebracht, der Natur dies vorzuhalten, daß sie für uns kein anderes Gesetz gelten lassen wollte als für sich selbst. Was sie vereinigte, trennt sie wieder, und was sie trennte, vereinigt sie wieder. (30,10.11)

Doch später werde ich Dir genauer darlegen, daß alles, was zu vergehen scheint, nur verwandelt wird. Wer weiß, daß er wiederkehren wird, mag ruhig gehen. Betrachte den Kreislauf der Dinge, die immer wiederkehren, und Du wirst erkennen, daß nichts in dieser Welt restlos vergeht, sondern daß alles im Wechsel schwindet und wieder wächst. (36,11)

Entgehen kannst Du der Notwendigkeit nicht, doch überwinden kannst Du sie ... Nicht weniger oft geht das Schicksal gegen uns an, wie auch wir dagegen. Beschämend ist es, nicht freiwillig zu gehen, sondern sich vielmehr gewaltsam forttragen zu lassen und mitten im Wirbel der Dinge erstaunt zu fragen: »Wie bin ich denn hierhergekommen?« (37,3.5)

Das Notwendige wird durch das Bedürfnis begrenzt. Das Überflüssige, wie willst Du es begrenzen? (39,5)

Gott ist Dir nahe, er ist bei Dir, er ist in Dir. Ja, so ist es, Lucilius. In uns wohnt ein heiliger Geist, ein Beobachter und Wächter über das Böse und das Gute in uns ... Niemand ist ein guter Mensch ohne Gott. Oder könnte jemand, der nicht von ihm gestärkt würde, sich sonst über das Schicksal erheben? Es gibt große und erhabene Gedanken ... Wenn Du Dich in einem Wald mit alten und ungewöhnlich hohen Bäumen befindest ..., so wird die Erhabenheit dieses Waldes Dir die Überzeugung vom Göttlichen geben ... Da wird Dein Inneres eine Ahnung des Göttlichen durchbeben. (41,2.3)

Es wird Dir etwas verlorengehen. Doch dies war von außen gekommen. Du wirst ebenso leicht ohne dies leben, wie du zuvor gelebt hast ... Wer sich selbst besitzt, hat nichts verloren. Doch wie wenigen ist es vergönnt, sich selbst zu besitzen? (42,9.10)

Die Gesinnung macht den Menschen edel; sie gestattet uns, aus jeder Lage über das Schicksal hinauszuwachsen. (44,5)

Die Freiheit ist das Ziel. Diese ist aller Mühe Preis. Welcher Art die Freiheit sei, willst Du wissen. Keinem Ding, keinem Zwang, keinem Zufall untertan sein, mit dem Schicksal einig sein. Von dem Tage an, wo ich mich stärker fühle als das Schicksal, wird es keine Macht mehr über mich haben. (51,9)

Siehe, welche Größe ist dies! Die Schwäche des Menschen zu haben und die Furchtlosigkeit eines Gottes. Unglaublich ist die Kraft der Philosophie, alle Kraft des Zufälligen zurückzudrängen. Kein Geschoß bleibt an ihr haften; sie ist gesichert und gefestigt. Mancherlei Geschosse fängt sie wie leichte Pfeile in ihrem lockeren Gewande spielend auf, manche zerstreut sie und schleudert sie auf den zurück, der sie entsandt hatte. (53,12)

So oft versucht es der Tod mit mir. Mag er es tun! Auch ich habe es schon oft mit ihm versucht. »Was denn?«, so fragst Du. Bevor ich geboren wurde. Der Tod bedeutet Nichtsein. Was dies ist, weiß ich schon. Dies wird der Zustand nach meiner Existenz sein, wie er schon vor meiner Existenz war. Wenn darin etwas Schlimmes liegt, so muß es auch darin gelegen haben, ehe wir das Licht dieser Welt erblickten. Doch wir haben damals keinen Schmerz gefühlt. Wäre es wohl nicht töricht, glauben zu wollen, es sei schlimmer für die Lampe, wenn sie erloschen ist, als bevor sie angezündet wird. Auch wir werden angezündet und erlöschen wieder; in der Zwischenzeit empfinden wir Schmerz; vorher und nachher aber ist tiefe Ruhe . . . Dies erwarte sicher von mir, daß ich vor dem letzten Augenblick nicht zittern werde; ich bin schon darauf vorbereitet . . . Ich werde wohl hinausgeworfen, doch so, als ginge ich freiwillig. Und deshalb wird der Weise niemals hinausgeworfen, weil Hinauswerfen bedeutet, mit Gewalt von dort vertrieben zu werden, von wo man ungern weggeht. Doch der Weise tut nichts unfreiwillig. Er entzieht sich der Notwendigkeit, weil er seinen Willen mit dem in Übereinstimmung bringt, wozu sie ihn doch zwingen würde. (54,7)

Für den Toren gibt es nirgends Ruhe. Über ihm und unter ihm lauert das, was ihm Furcht bereitet. Nach allen Seiten ist er in Angst. Gefahren folgen ihm und begegnen ihm. Vor allem hat er Furcht; denn er ist ungerüstet . . . Der Weise dagegen ist auf jeden Angriff gerüstet und gefaßt; mag

Armut, mag Kummer, mag Schmach, mag Schmerz auf ihn eindringen, er weicht nicht zurück. Unerschrocken geht er allem entgegen und geht hindurch ... Der Weise ist voll Freudigkeit, heiter und gefaßt, unerschüttert, sein Leben ist dem der Götter gleich ... Alle Menschen jagen nach Freude, aber woher eine dauerhafte und große Freude zu gewinnen sei, das wissen sie nicht ... Bedenke daher dies Eine: der Gewinn der Weisheit ist die stete unveränderliche Freude ... Jene Freude, welche den Göttern zu eigen ist und jenen, die den Göttern ähnlich zu werden sich mühen, bleibt ununterbrochen und hört nicht auf. Sie würde aufhören, wenn sie von außen her genommen wäre. Doch weil sie kein fremdes Geschenk ist, so steht sie auch nicht unter fremdem Einfluß. Was das Schicksal nicht gegeben hat, das kann es uns auch nicht entreißen. (59,8.14.15.16.18)

Hören wir auf, zu wollen, was wir einmal gewollt haben. Ich jedenfalls möchte nicht als alter Mann dasselbe wollen, was ich als Knabe gewollt habe. Auf dieses eine Ziel hin sind alle meine Tage, sind alle meine Nächte gerichtet, daraufhin mein Tun und mein Denken, den alten Übeln ein Ende zu setzen ... Ehe ich ein alter Mann war, bemühte ich mich, recht zu leben; jetzt, da ich ein alter Mann bin, bemühe ich mich, recht zu sterben. Willig sterben aber heißt recht sterben. Mühe Dich darum, nie etwas unwillig zu tun. Was auch kommen mag, für den Widerwilligen bedeutet es Zwang, für den Willigen bedeutet es dagegen keinen Zwang. Ich sage Dir: Wer einen Befehl willig ausführt, entgeht der bittersten Seite der Knechtschaft, nämlich tun zu müssen, was er nicht will. Nicht wer auf Befehl etwas tut, ist unglücklich, sondern wer es widerwillig tun muß. Daher wollen wir unser Inneres darauf einstellen, daß wir das wollen, was die Umstände mit sich bringen, und vor allem, daß wir ohne Trauer an unser Ende denken. Wir müssen uns noch mehr auf den Tod als auf das Leben vorbereiten. Für das Leben ist ausreichend vorgesorgt, doch wir sind nach der Fülle seiner Hilfsmittel begierig. Etwas scheint uns immer und immer zu fehlen. Nicht Jahre noch Tage werden es bewirken, daß wir glauben, genug gelebt zu haben, sondern unser Herz. (61,1–4)

Alles geringachten kann man, alles haben kann niemand. Der kürzeste Weg zum Reichtum ist die Geringschätzung des Reichtums. (62,3)

In welcher Stimmung ich auch sein mag . . ., ich möchte alle Schicksalsschläge herausfordern, ich möchte ausrufen: »Was zögerst Du noch, Schicksal? Tritt an gegen mich! Du siehst mich durchaus gerüstet.« Ich eigne mir den Mut des Mannes an, der die Gelegenheit sucht, sich zu erproben und seine Haltung zu zeigen . . . Ich möchte etwas haben, das ich überwinden, in dessen Erleiden ich mich erproben könnte. (64,4.5)

Wie du weißt, nehmen unsere Stoiker zwei Prinzipien aller Dinge an, aus denen alles entstehe, das Bewirkende (Ursache) und die Materie. Die Materie ist leblos, für jegliche Einwirkung empfänglich und unbewegt, wenn sie niemand in Bewegung setzt. Das Bewirkende (Ursache) jedoch, das ist die Vernunft (die vernunftgemäße schöpferische Kraft), gestaltet die Materie und wandelt sie nach Wunsch um; sie schafft aus ihr mannigfache Ergebnisse. Es muß also etwas sein, woraus etwas wird, und etwas, wodurch etwas wird; dieses Letztere ist das Bewirkende (Ursache), jenes die Materie. Alle Kunst ist Nachahmung der Natur. Was ich daher vom Weltganzen sagte, das gilt auch für die vom Menschen zu schaffenden Werke. Das fertige Bildwerk setzt voraus die Materie, die sich vom Künstler gestalten ließ, und den Künstler, welcher der Materie Gestalt gab. So ist im Bildwerk die Materie das Erz, das Bewirkende der Künstler. Ebenso ist es mit allen Dingen; sie bestehen aus dem, was gestaltet wird, und aus dem, was gestaltet . . . Fragen wir uns, was das Bewirkende (Ursache) ist: die bewirkende, gestaltende Vernunft, das ist Gott. (65,2.3.12)

Dieser unser Körper ist Last und Strafe für die Seele. Er drückt schwer auf sie und hält sie in Fesseln, wenn nicht die Philosophie hinzutritt und sie an den Wundern der Natur sich erholen läßt und sie vom Irdischen zum Göttlichen emporhebt ... Der Weise und der Jünger der Weisheit ist zwar auch seinem Körper verhaftet, aber mit dem besten Teil seines Wesens ist er ihm fern und richtet seine Gedanken auf das Göttliche. Wie durch einen Eid verpflichtet, betrachtet er sein Leben als Dienst. Er ist so geartet, daß er das Leben nicht liebt und auch nicht haßt und sich das Vergängliche gefallen läßt, wiewohl er weiß, daß es Höheres gibt ... Ich soll nicht fragen, welches der Anfang des Weltalls ist, wer der Gestalter aller Dinge ist, wer die zu einer einzigen trägen Masse vereinigten Stoffe geschieden hat; ich soll nicht fragen, wer der Schöpfer dieser Welt ist, in welcher Weise dieses gewaltige Ganze dem Gesetz und der Ordnung unterworfen worden ist, wer das Zerstreute gesammelt, das Vereinigte geschieden hat, wer dem Gestaltlosen Gestalt gegeben hat, woher diese große Lichtflut stammt, ob sie Feuer ist oder etwas noch Helleres als Feuer. Nach all dem soll ich nicht fragen, soll nicht wissen wollen, von wo ich hergekommen bin, ob ich diese Welt nur einmal sehen oder ob ich des öfteren geboren werde, wohin ich von hier gehen werde, welche Wohnstätte meine Seele erwarte, wenn sie von den Gesetzen dieser Knechtschaft frei sein wird ... Ich fühle mich größer und zu Größerem geboren, als daß ich nur ein Sklave meines Körpers sein könnte, den ich nur als eine Fessel betrachte, die meiner Freiheit angelegt ist. Nur ihn gebe ich dem Schicksal preis, auf ihn muß es sich beschränken, über ihn hinweg lasse ich keine Verwundung mein Selbst berühren; was an mir verletzt werden kann, ist nur dies; in diesem hinfälligen Haus wohnt eine freie Seele. Niemals soll mich dieser Leib zur Furcht verleiten, niemals zu einer eines guten Mannes unwürdigen Verstellung; niemals will ich ihm zuliebe die Unwahrheit sagen. Sobald es mir recht erscheint, werde ich die Gemeinschaft mit ihm lösen; doch auch jetzt, solange wir zusammenhängen, sind wir nicht zu gleichen Rechten miteinander verbunden; die Seele nimmt alles Recht für sich in Anspruch. Seinen Körper geringschätzen, das bedeutet die wahre Freiheit. (65,16.18–22)

Die Materie und Gott machen das Ganze aller Dinge aus. Gott ordnet die Welt, die ihm in ihrer ganzen Ausdehnung als ihrem Leiter und Lenker Folge leistet. Das schöpferische Prinzip, das ist Gott, ist das Mächtigere und Wertvollere als die Materie, das leidende Prinzip. Die Stellung, die Gott in der Welt hat, die hat der Geist im Menschen; was dort die Materie ist, das ist bei uns der Körper. So sei das Geringere dem Besseren untertan! Wir wollen stark sein gegenüber dem Schicksal und nicht zittern vor Unrecht, nicht vor Wunden, nicht vor Fesseln, nicht vor Armut! Was bedeutet der Tod? Er ist entweder ein Ende oder ein Übergang. Ich habe keine Furcht zu enden; denn es ist das gleiche, wie nicht angefangen zu haben; ich fürchte mich auch nicht, irgendwohin überzugehen; denn da werde ich nicht mehr so beengt sein. (65,23.24)

Nichts kann als lobenswert gelten, was nicht aus der Freiheit kommt; denn wo Furcht herrscht, da ist Knechtschaft. (66,16)

Die Vernunft also entscheidet über Güter und Übel. Fremdes und Äußeres schätzt sie nur gering ein, und jene Dinge, die weder Güter noch Übel sind, betrachtet sie als geringfügige und unbedeutende Nebenumstände; denn das wahrhaft Gute ist für sie in der Seele begründet . . . Und welcher Art ist das höchste Gut des Menschen? Sich verhalten entsprechend dem Willen der Natur. (66,35.39)

Ich wünschte allerdings, daß ich von Ungemach verschont bliebe; doch wenn solches zu ertragen ist, so will ich mir wünschen, daß ich es stark, mutig und in guter Haltung ertragen möge . . . So ist also nicht das Ungemach als solches wünschenswert, sondern die Kraft, jenes in guter Haltung zu ertragen. (67,4)

Dies halte fest: Niemals ist der Weise mehr erfüllt, als wenn Göttliches und Menschliches in sein Blickfeld getreten sind. (68,2)

Denn nicht das Leben schlechthin ist ein Gut, vielmehr nur das rechte Leben. Der Weise lebt daher, solange er es soll, nicht solange er es kann ... Ihm gilt es gleich, ob er selbst ein Ende mache oder ein natürliches Ende finde, ob dies später oder früher geschehe; er fürchtet keinen großen Verlust ... Früher oder später zu sterben, ist nicht so wichtig, wichtig ist nur, ob in guter oder in schlechter Haltung. In guter Haltung zu sterben bedeutet aber, der Gefahr entgehen, in schlechter Haltung leben zu müssen ... Jedenfalls ist das Leben nicht um jeden beliebigen Preis zu erkaufen. (70,4–7)

Es gefällt Dir hier! so lebe! Es gefällt Dir nicht; so steht es Dir frei, wieder dorthin zurückzukehren, woher Du gekommen bist. (70,15)

Sooft Du wissen willst, was Du vermeiden und was Du erstreben sollst, so fasse nur das höchste Gut und den Zweck Deines ganzen Lebens ins Auge. Was wir tun, muß damit im Einklang stehen. Der wird im einzelnen nicht das Richtige treffen, wer sich nicht für sein Leben ein bestimmtes Ziel gesetzt hat. (71,2)

Denn was ist ausgenommen von der Gefahr des Wechsels? Die Erde nicht, der Himmel nicht, auch nicht das Ganze aller Dinge, wenn es auch göttlicher Leitung unterworfen ist. Es wird nicht immer diesen gleichen Gang haben, es wird einmal ein Tag kommen, der alles aus seiner Bahn wirft. Alles verläuft in bestimmten Zeiträumen; es muß werden, wachsen, vergehen. Die Gestirne, die Du über Dir ihren Weg ziehen siehst, und diese Erde, mit der wir verwachsen sind und auf der wir wie auf festestem Grund zu stehen glauben, werden dahingerafft werden und vergehen. Allem ist sein Lebensalter bestimmt. In verschiedenen Zeiträumen führt die Natur alles dies an das gleiche Ziel. Was da ist, wird eines Tages nicht mehr da sein; doch es wird nicht restlos vergehen, sondern nur in seine Bestandteile aufgelöst werden. Diese Auflösung erscheint uns als restloses Vergehen; denn wir erkennen nur das Nächstliegende; auf das Fernerliegende achtet unser beschränkter Verstand nicht, wie er sich dem Körper verschrieben hat. Man würde mutiger das eigene Ende und das der Seinen ertragen, wenn man die Hoffnung hätte, daß alles im Wechsel vom Leben in den Tod und vom Tod ins Leben übergehe, daß das Verbundene aufgelöst und das Aufgelöste wieder verbunden werde und daß in diesem Geschehen die ewige Kunst des alles lenkenden Gottes walte. (71,12–14)

Es ist nichts Bewundernswertes, seine gute Haltung zu bewahren, wenn alles ruhig ist; doch dann spare nicht mit Deiner Bewunderung, wo jemand sich aufrichtet, wenn alle niedergedrückt sind, wo jemand aufrecht steht, wenn alle am Boden liegen. (71,25)

Nur der Unvollkommene erfährt noch Unterbrechungen seiner Heiterkeit. Die innere Freude des Weisen dagegen ist eine ununterbrochene, sie wird durch keinen Zufall, durch keinen Schicksalsschlag beeinträchtigt, er ist stets und überall voll stiller Freude: denn er hängt nicht am Äußeren und wartet nicht auf die Gunst des Schicksals oder eines Menschen. Sein Glück ist im Innern begründet ... es entsteht im Innern. Gelegentlich tritt von außen her etwas ein, das an die Sterblichkeit mahnt; doch das ist bedeutungslos und streift gewissermaßen nur die äußere Haut. Gelegentlich macht sich irgendein Ungemach bemerkbar. Doch sein wahres Gut ist gesichert. (72,4.5)

Der Weise sieht mit demselben Gleichmut wie Jupiter alles bei anderen und schätzt es gering ein. (73,14)

Wer sich viel auf das Zufällige einläßt, schafft sich viel und unvermeidlichen Anlaß zur Störung seiner Ruhe. Es gibt nur einen Weg für den, der sicher gehen will, nämlich äußere Dinge geringzuachten und sich mit dem Rechten zu begnügen. Denn wer irgend etwas für besser hält als die rechte Haltung oder irgend etwas neben ihr für ein Gut, der wird seine Arme nach allem ausstrecken, was das Glück ausstreut, und wird ängstlich erwarten, was es sendet. Stelle Dir folgendes Bild im Geist vor: Das Schicksal veranstaltet ein Spiel und schüttet über diesen Menschenschwarm in reicher Fülle Ehren, Reichtum, Gunst aus ... Doch der Weise verläßt das Theater sogleich, wenn er sieht, daß das Austeilen von Geschenken angeht; denn er weiß, daß dabei Geringfügiges teuer zu stehen kommt. (74,6.7)

Gegenüber diesen Wechselfällen müssen wir uns rüsten. Doch gegen das Schicksal gibt es keine unübersteigliche Mauer; im Innern müssen wir uns rüsten. Wenn das Innere gerüstet ist, dann kann der Mensch wohl bestürmt, doch nicht vernichtet werden. Was dies für eine Rüstung sei, möchtest Du wissen. Nicht erschüttert zu werden, was sich auch ereignen mag, und zu wissen, daß gerade das, was uns zu verletzen scheint, zur Erhaltung des Weltalls notwendig ist und dazu gehört, den Lauf und die Aufgabe der Welt zu erfüllen. Dem Menschen gefalle, was Gott gefällt! (74,19.20)

Man muß so lange lernen, wie man noch nicht alles weiß, ja – wenn wir dem Sprichwort Glauben schenken können – solange man lebt. (76,3)

Jedes Ding wird gelobt, soweit es seiner ihm eigentümlichen Bestimmung entspricht. So ist es auch beim Menschen nicht wesentlich, über wieviel Grundbesitz, über wieviel Kapital er verfüge, von wie vielen er gegrüßt wird, ob er auf kostbarem Lager ruht, ob er aus einem funkelnden Becher trinkt, sondern vielmehr ob er gut ist; gut aber ist er, wenn seine Vernunft ausgebildet und im rechten Zustand ist und vor allem mit dem Willen der Natur im Einklang. Dies nennt man gute Haltung, dies das sittlich Gute und überhaupt das einzige wahre Gut des Menschen. (76,14.15)

Das Schicksal ist unwiderruflich fest und wird von einer großen und ewigen Notwendigkeit herbeigeführt. Du wirst eines Tages dorthin gehen, wohin alles gehen muß. Was soll da neu für Dich sein? Mit dieser Bestimmung bist Du geboren . . . Glaubtest Du denn, Du würdest nie an das Ziel gelangen, auf das Du immer zugingst? Doch es gibt keine Reise ohne Ende . . . Unglückseliger, Du bist den Menschen, den Dingen, dem Leben untertan; denn das Leben, wenn der Mut zum Sterben fehlt, ist Knechtschaft. Was hast Du denn, weshalb Du noch warten wolltest? Die Vergnügungen, welche Dich ans Leben fesseln und festhalten, hast Du doch alle genossen. Keine ist Dir mehr neu; keine gibt es, die Dir nicht schon zuwider wäre, weil Du satt bist . . . Und doch sind es nur solche Dinge, von denen Du Dich so ungern losreißen kannst . . . Wie in einem Spiel im Theater, so ist es auch im Leben; es kommt nicht darauf an, ob lange, sondern vielmehr ob gut gespielt worden ist. Es liegt nichts daran, wo Du aufhörst. Höre auf, wo Du willst; nur bringe es zu einem guten Abschluß. (77,12.13.15.16.20)

Wenn wir nur erst das höchste Gut und das höchste Übel als solche erkannt haben, dann wird uns weder Lebensüberdruß noch Todesfurcht überkommen; denn den kann Lebensüberdruß nicht überkommen, der so viel mannigfaltige, so viel große, so viel göttliche Dinge betrachtet; nur träge Untätigkeit kann zum Widerwillen gegen das Leben führen. Wer die Natur der Dinge durchforscht, wird der Wahrheit niemals überdrüssig werden; nur das Falsche schafft Übersättigung. Wenn dann der Tod kommt und ruft, mag es auch zu früh sein, mag er auch das Leben schon in seiner Mitte dahinraffen, die beste Frucht ist schon gewonnen: die Kenntnis der Natur ist großenteils gewonnen; man weiß, daß das sittlich Gute mit der Zeit nicht mehr wächst. Doch jenen muß jedes Leben kurz erscheinen, die es nach wertlosen und darum unbegrenzten Vergnügungen abmessen. (78,25–27)

Mache Dich vor allem frei von der Furcht vor dem Tode, die uns ein schweres Joch auflegt, dann von der Furcht vor der Armut. (80,5)

Doch der Preis für alles gute Tun liegt in ihm selbst begründet; es wird nicht um des Vorteils willen getan; recht gehandelt zu haben, ist selbst schon der Lohn des guten Tuns. (81,19)

Als an sich gleichgültige Dinge, also solche, die an sich weder den Charakter eines Gutes noch eines Übels haben, betrachte ich Krankheit, Schmerz, Armut, Verbannung, Tod. Nichts davon ist an sich rühmlich, doch auch nichts ohne diese Dinge. Nicht die Armut als solche verdient Anerkennung, sondern vielmehr nur jener Mann, den die Armut nicht niederzudrücken, nicht zu beugen vermag. Nicht die Verbannung als solche verdient Anerkennung ..., nicht der Schmerz als solcher, sondern vielmehr nur jener Mann, den der Schmerz nicht zu zwingen vermochte. Niemand zollt dem Tod an sich Anerkennung, doch dem Manne, dem der Tod eher die Seele ganz nimmt, ehe er sie in Verwirrung zu bringen vermochte. Alles dies ist nicht an sich gut oder rühmlich; doch was die gute Haltung daraus gemacht hat, das verdient die Anerkennung als sittlich gut und rühmlich. Jene Dinge liegen in der Mitte (zwischen Gut und Böse); es kommt darauf an, ob sich jemand mit schlechter oder mit guter Haltung mit ihnen befaßt ... Du siehst, daß der Tod an sich weder ein Übel noch ein Gut ist ... Jedes Ding erhält seinen Wert, der ihm selbst fehlt, erst dadurch, daß sich ein Mann mit guter Haltung damit befaßt.

Wir nennen ein Zimmer hell, während es des Nachts völlig dunkel ist; der Tag überschüttet es mit Licht, die Nacht nimmt es ihm. So ist es mit allen Dingen, die von uns als gleichgültige oder in der Mitte (zwischen Gut und Böse) stehend betrachtet werden, wie Reichtum, körperliche Kraft, schöne Gestalt, Ehren, königliche Stellung und demgegenüber Tod, Verbannung, Krankheit, Schmerz und was wir sonst noch mehr oder minder fürchten; erst schlechte oder gute Haltung ihnen gegenüber gibt ihnen den Charakter eines Gutes oder eines Übels. (82,11–14)

Unsere Freiheit geht verloren, wenn wir nicht geringachten, was uns Zwang auferlegen will. (85,28)

Schmerz fühlt der aufrechte Mann allerdings auch; denn keinerlei gute Haltung kann die natürliche Empfindung abschwächen; doch er fürchtet ihn nicht; ungebeugt blickt er auf seine Schmerzen herab. (85,29)

Dafür hat sich der Weise gestählt, daß er seine gute Haltung unter guten wie unter schlechten Umständen bewahre und nicht auf den Stoff dafür, sondern auf seine Haltung achte. So beeinträchtigt ihn weder die Armut noch der Schmerz noch etwas anderes von dem, was die Nichtweisen erschüttert und zu Boden wirft. Du glaubst, er werde durch die Übel niedergedrückt; nein, er benutzt sie (um seine Haltung zu bewähren) ... So wird der Weise, sofern es geht, im Reichtum seine Haltung beweisen, sonst in der Armut; wenn er es kann, im Vaterland, sonst in der Verbannung; wenn möglich, als Heerführer, sonst als Soldat; wenn möglich, mit gesundem Körper, sonst als Krüppel. Welches Schicksal ihm auch zuteil geworden sein mag, er wird immer etwas Bemerkenswertes daraus gestalten ... So ist der Weise ein Meister in der Kunst, die Übel sich zu unterwerfen; Schmerz, Armut, Schmach, Gefängnis, Verbannung, die überall als schrecklich gelten, verlieren ihre Schrecken, wenn sie mit ihm in Berührung kommen. (85,39–41)

Ich habe Schiffbruch erlitten, noch bevor ich das Schiff bestiegen hatte ... Indessen hat diese Reise mich darüber belehrt, wieviel Überflüssiges wir besitzen und wie leicht der Entschluß wäre, alles das aufzugeben, was wir kaum als Verlust empfinden, wenn die Notwendigkeit es uns wegnimmt. (87,1)

Doch die größte Strafe für übles Tun ist in ihm selbst begründet ... Das üble Tun bestraft sich sofort, wenn es erfolgt ist, ja schon während es geschieht. (87,24.25)

Doch nur das täuscht uns, was ohne unser Wissen kommt. Ich weiß nicht, was kommen wird; doch was kommen kann, das weiß ich. Deshalb werde ich niemals außer Fassung geraten, alles erwarte ich. Bleibe ich von etwas verschont, so mag es gut sein. Die Stunde täuscht mich nur dann, wenn sie mich verschont; doch auch dann täuscht sie mich eigentlich nicht; denn ich weiß wohl, daß alles geschehen kann, doch ich weiß auch, daß es nicht geschehen muß. So erwarte ich das Günstige, auf das Ungünstige dagegen bin ich gefaßt. (88,17)

Daher bilde man seinen Verstand, daß er sein Schicksal verstehen und tragen lerne und wisse, daß das Schicksal vor nichts zurückschreckt ... Über nichts davon dürfen wir unwillig sein. Wir sind in diese Welt eingetreten, in der nun einmal nach diesen Gesetzen gelebt wird. Gefällt es Dir, so füge Dich; gefällt es Dir nicht, so gehe fort, auf welchem Wege Du willst. Du magst unwillig sein, wenn eigens gegen Dich etwas Unbilliges bestimmt ist; doch wenn die gleiche Notwendigkeit Hoch wie Niedrig umfaßt, so versöhne Dich mit dem Schicksal, von dem alles in seine Bestandteile aufgelöst wird ... So denke Dir, daß die Natur zu Dir spreche: »Das, worüber du klagst, ist allen in gleicher Weise beschieden. Für niemand kann ich es leichter gestalten; doch wer will, kann es sich selbst leichter machen.« In welcher Weise? Durch Gleichmut. Du mußt Schmerzen leiden und

Durst, hungern und altern, wenn Dir ein längeres Verbleiben unter den Menschen beschieden ist; Du mußt krank sein, Verluste erleiden und sterben. Doch Du darfst denen, die Dich umlärmen, nicht glauben; nichts von alldem ist ein Übel, nichts unerträglich oder hart. (91,15.18.19)

Was liegt denn daran, wie bald Du von hier weggehst, von wo Du doch eines Tages weggehen mußt. Nicht lange zu leben sei unser Bestreben, sondern unser Leben zu erfüllen. Um lange zu leben, dazu brauchen wir die Hilfe des Schicksals, unser Leben zu erfüllen, das ist Sache unseres Willens. Das Leben ist lang, wenn es erfüllt ist. Es wird erfüllt, wenn die Seele sich ihr Gut geschaffen und die Herrschaft über sich selbst gewonnen hat. Was haben für jenen seine in Untätigkeit verbrachten achtzig Jahre für einen Sinn? Er hat nicht wahrhaft gelebt, sondern nur im Leben sich aufgehalten; er ist nicht spät, sondern andauernd gestorben ... Wir wollen uns, Lucilius, darum mühen, daß unser Leben wie eine Kostbarkeit nicht viel Raum einnehme, doch viel wiege. (93,2–4)

Kaufe nicht, was Du brauchen kannst, sondern nur, was Du wahrhaft nötig hast; was Du nicht brauchst, ist um einige Pfennige zu teuer. (94,27)

»Ich bin ein Mensch, nichts Menschliches sei mir fremd!« Wir wollen daran festhalten, daß wir zur Gemeinschaft geboren sind. Unsere Gesellschaft gleicht weitgehend einem Steingewölbe, das zusammenbrechen würde, wenn die Steine sich nicht gegenseitig tragen, und das auf diese Weise zusammengehalten wird. (95,53)

Wenn Du mich fragst, so meine ich, daß es für den Mann in der Welt nur insoweit ein Unglück gibt, als er etwas für ein Unglück hält ... Bei allem, was mir zuwider ist und hart erscheint, habe ich mich darauf eingestellt; ich gehorche Gott nicht, sondern stimme ihm bei; ich folge ihm von

Herzen, nicht weil ich es muß ... Doch leben, Lucilius, heißt Soldat sein und Kriegsdienst leisten. (96,1.2.5)

Halte niemals jemanden für glücklich, der vom Glück abhängt! Auf Zerbrechliches stützt sich der, welcher an dem Freude hat, was von außen kommt. Die Freude wird verschwinden, wie sie gekommen ist. Doch was aus dem Innern kommt, ist zuverlässig und sicher, es bereichert sich noch und begleitet uns bis ans Lebensende. (98,1)

Doch die irren, die da glauben, daß uns das Schicksal irgendein Gut oder Übel zuteile. Es gibt uns vielmehr nur den Stoff für Güter und Übel sowie die Grundlagen dafür, was in unseren Händen zum Übel oder Gut werden kann. Denn stärker als alles Schicksal ist unser Herz; es wendet die Dinge nach dieser oder nach jener Seite und schafft sich selbst ein glückliches oder unglückliches Leben. (98,2)

Bedauernswert ist das Herz, das sich wegen der Zukunft ängstigt und schon vor Eintritt des Unheils unglücklich ist, voll Sorge darum, daß all das, woran es Freude hat, ihm auch bis ans Lebensende verbleibe; denn es wird zu keiner Zeit Ruhe haben und über der Erwartung des Kommenden die Gegenwart verlieren, die es hätte genießen können ...

Der kann sich vor dem Schicksal schützen, der es zu ertragen vermag. Wenigstens kommt er nicht in Unruhe, solange noch Stille herrscht. Nichts ist unglücklicher und törichter, als sich schon im voraus zu fürchten. Welche Torheit ist es, seinem Unheil schon vorauszueilen ... Jedenfalls leidet der mehr als nötig ist, wer schon leidet, bevor es nötig ist ... Daß alles vergeht, ist ebenso notwendig wie das Verlieren, und in dieser Erkenntnis liegt der Trost, auf daß wir mit Gleichmut verlieren können, wenn ein Verlust unvermeidlich ist ... Wir wollen uns so rüsten, daß wir die Schmerzen, in welcher Weise sie auch unseren Körper befallen mögen, ertragen und zum Schicksal sagen können: »Du hast es mit einem Manne zu tun; suche dir jemand anderen, den du überwinden kannst.« (98,1.2.6.7.8.10.14)

Alles wird auf Wunsch des Schicksals hin- und hergeworfen und geht in sein Gegenteil über, und in diesem großen Durcheinander der menschlichen Dinge ist allen nur der Tod allein gewiß. Und doch beklagen alle etwas, über das niemand getäuscht wird. (99,9)

Das Leben an sich ist weder ein Gut noch ein Übel; es ist der Ort für das Gute und das Schlechte. Jener hat also (mit dem Leben) nichts verloren als ein Spiel, bei dem der Verlust das Gewissere ist. (99,12)

Alles, das glaube mir, ist auch für die Glücklichen zweifelhaft. Niemand soll sich etwas von der Zukunft versprechen. Auch das, was wir festhalten, entgeht uns unter den Händen, und sogar die Stunde selbst, die wir zu besitzen glauben, nimmt der Zufall weg. Die Zeit eilt hinweg nach einem Gesetz, das unverbrüchlich ist, doch für uns im Dunkel bleibt ... Darum säume nicht, Lucilius, zu leben, und betrachte jeden Tag als ein ganzes Leben! Wer sich so eingestellt hat, wem täglich sein Leben als das ganze Leben erscheint, der kann unbesorgt sein. Doch denen, die sich ständig irgendwelchen Hoffnungen hingeben, entrinnt auch die Gegenwart (101,5.10)

Was hilft es, über das Meer zu setzen und den Wohnort zu wechseln? Wenn Du dem, was Dich drückt, entgehen willst, so mußt Du nicht an einem anderen Ort sein, sondern selbst ein anderer sein ... Deine Reise wird Dir keine Erleichterung schaffen; denn Du reisest mit Deinen Leidenschaften, und Deine Übel folgen Dir nach. (104,8.17)

Der einzige Hafen in diesem veränderlichen und bewegten Leben ist es, das Zukünftige geringzuschätzen, fest und gerüstet zu sein und die Schicksalsschläge gewissermaßen mit der offenen Brust zu empfangen, ohne zu zucken oder den Rücken zu kehren. (104,22)

Wie in allen Dingen, so leiden wir auch in der Wissenschaft am Zuviel; nicht für das Leben, sondern für die Schule lernen wir. (106,12)

Im Leben geht es ebenso wie im Bade, im Gedränge, auf der Reise. Einiges Unangenehme werden Dir andere absichtlich zufügen, einiges wirst Du zufällig erfahren. Das Leben ist nun mal keine zärtliche Angelegenheit ... Auf den Gegensätzen beruht der ewige Bestand der Dinge. Diesem Gesetz müssen wir uns innerlich fügen. Diesem Gesetz muß man folgen, muß man gehorchen. Man sei überzeugt, daß alles, was geschieht, so habe geschehen müssen, und wünsche nicht, die Natur zu meistern. Es ist das Beste, hinzunehmen, was man nicht bessern kann, und Gott, auf dessen Geheiß alles geschieht, ohne Murren zu folgen ... Den, der willig mitgeht, führt das Schicksal; wer widerwillig mitgeht, den schleift es mit Gewalt (Kleanthes). (107,2.8.9.11)

Das Notwendige wird Dir überall zur Verfügung stehen, um das Überflüssige mußt Du Dich immer erst mit ganzer Kraft bemühen. Du hast aber auch keinen Grund, Dich allzusehr zu loben, wenn Du Bettstellen aus Gold und edelsteinbesetztes Gerät geringachtest; denn was bedeutet es schon Großes, das Überflüssige geringzuschätzen? Erst dann könntest Du Dir Anerkennung zollen, wenn Du auch das Notwendige geringschätzen würdest ... Lerne vielmehr, Dich mit wenigem zu begnügen, und rufe alsdann beherzt mit lauter Stimme: »Wir haben Wasser, wir haben einfache Nahrung; mit Jupiter selbst wollen wir um die Glückseligkeit wetteifern!« (110,11.12.18)

Man lerne vor allem, das Leben geringzuschätzen. »Es zu beherrschen«, erwiderst Du. Doch niemand beherrscht das Leben gut, wenn er es nicht geringschätzt. (111,5)

Sich selbst zu beherrschen, das ist die bedeutendste Herrschaft. (113,30)

Nichts kann Dir so sehr zur Mäßigung in allen Dingen verhelfen wie die häufige Überlegung, wie kurz und unsicher dieses Menschenleben sei. Was Du auch tun magst, halte Dir stets den Tod vor Augen. (114,27)

Über die Natur der Götter wollen wir Betrachtungen anstellen, über die Stoffe, aus denen die Gestirne bestehen, über die so verschiedenartigen Bahnen der Sterne und darüber, ob etwa durch deren Bewegungen die menschlichen Dinge beeinflußt werden und ob von dort her alle Körper und Seelen ihren Antrieb erhalten sowie auch darüber, ob das, was als zufällig betrachtet wird, durch ein bestimmtes Gesetz gebunden ist, so daß nichts in dieser Welt unversehens und ohne Ordnung dem Wechsel unterliege. Solche Betrachtungen sind bereits im Rahmen der Geistesbildung selten geworden; doch sie richten das Innere auf und erheben es zu der Größe der Gegenstände, mit denen es sich befaßt. (117,19)

»Entnimm alles Dir selbst!« So wenig es auch sein mag, es wird stets genug sein, wenn wir das, was uns fehlt, bei uns selbst suchen; denn es macht keinen Unterschied aus, Lucilius, ob Du etwas nicht entbehrst oder es gar nicht besitzest. Das Wichtigste in beiden Fällen ist: Du wirst keinen Mangel leiden ... Bedenke bei allen Dingen ihren Zweck, und Du wirst auf das Überflüssige verzichten ... Niemals ist wenig, was genug ist, und niemals ist viel, was nicht genug ist ... Wer sich auf das eingestellt hat, was die Natur verlangt, ist nicht allein vom Gefühl der Armut frei, sondern auch von der Furcht davor. (119,2.4.7.10)

So gibt ein großer und seiner besseren Natur bewußter Geist sich wohl Mühe, auf dem Platz gut und tüchtig auszuharren, wohin er gestellt ist, doch von dem, was um ihn ist, betrach-

tet er nichts als sein Eigentum, sondern er gebraucht es nur
wie Geliehenes und eilt wie ein Fremdling daran vorüber.
(120,18)

Von einer mehr beschwerlichen als langwierigen Reise
erschöpft, kam ich in später Nacht auf meinem Albanum an.
Nichts finde ich hier zurechtgemacht, nur mich selbst.
Daher lege ich mich müde aufs Lager und bemühe mich, die
Nachlässigkeit des Kochs und des Bäckers zum Guten zu
wenden. Ich spreche mit mir selbst darüber, wie doch nichts
beschwerlich sei, was man leicht nimmt, und wie nichts
dessen wert sei, daß man sich ärgere, weil man durch Ärger
das Übel noch verschlimmere ... Es ist notwendig, sich an
Weniges zu gewöhnen ... Alles, was er will, kann niemand
haben; doch das kann er, sich nicht wünschen, was er nicht
hat, und das, was ihm zur Verfügung steht, fröhlich genießen ... Wie überflüssig vieles ist, erkennen wir nicht eher,
als bis es uns zu fehlen beginnt; denn wir brauchten es, nicht
weil es notwendig war, sondern weil wir es eben hatten.
(123,1.3.6)

Während Dein Streben auf Fremdes gerichtet ist, solltest Du
zu Deinem Dir eigentümlichen Gut zurückkehren. Was ist
das? Eine aufgeschlossene und reine Seele, die Gott nach-
eifert, sich über das Menschliche erhebt und ihr Schwergewicht in sich selbst findet. Du bist ein vernünftiges Wesen.
Was ist also Dein Dir eigentümliches Gut? Die vollkommene Vernunft. Entwickelst Du denn diese ihrer Bestimmung entsprechend, soweit sie immer wachsen kann? Dann
halte Dich für wahrhaft glücklich, wenn Dir aus ihr jegliche
Freude erwächst, wenn Du unter dem, was die Menschen an
sich reißen, wünschen, bewachen, nichts findest, was Du
mehr wünschtest oder was Du überhaupt wünschtest.
(124,23.24)

Inhalt

Zur Einführung   3

Von der Gemütsruhe   30
Vom glückseligen Leben   64
Von der Vorsehung   97
Von der Kürze des Lebens   115
Trostschrift an seine Mutter Helvia   118
Über den Zorn   123
Trostschrift an Marcia   127
Aus den Briefen an Lucilius   134